A LA MÉMOIRE DE MON CHER FILS

CHARLES DE GAYARDON COMTE DE FENOYL

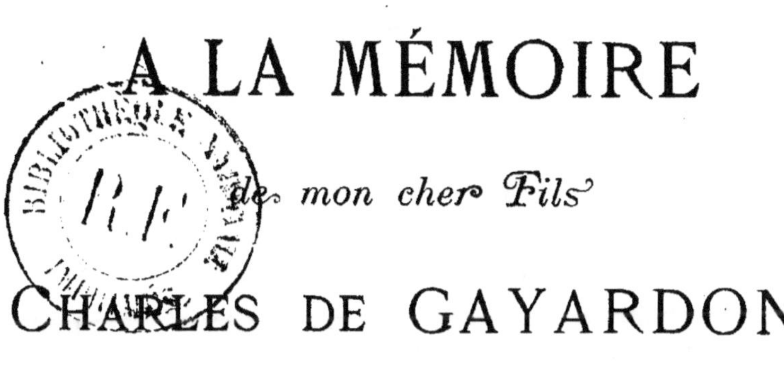

A LA MÉMOIRE

de mon cher Fils

CHARLES DE GAYARDON
COMTE DE FENOYL

ADJUDANT D'INFANTERIE DE MARINE

tué à l'ennemi

A KÉLUNG (ILE FORMOSE, CHINE), LE 5 MARS 1885,

à l'âge de 23 ans.

TRÉVOUX
IMPRIMERIE DE JULES JEANNIN

1885

A LA MÉMOIRE

de mon cher Fils

CHARLES COMTE DE FENOYL

Adjudant d'artillerie de marine,

tué à l'ennemi, à Kélung (île Formose, Chine), le 5 Mars 1885.

Mai 1885.

Mon but, en écrivant ces pages, en reproduisant en partie ou dans leur entier les lettres de notre bien cher Charles, est de vous le faire connaître, mes chers enfants, de vous faire partager notre confiance dans le bonheur dont il doit jouir, car il aimait Dieu, la famille, la patrie.

Après une jeunesse peu laborieuse, Charles comprit qu'il devait à son honneur, à celui de sa famille, une compensation, et il a apporté dans sa courte vie militaire une énergie qui lui avait manqué sur les bancs de l'école. Son instruction religieuse était solide : les sentiments de la foi, le respect et l'amour de la famille profondément gravés dans son cœur, Dieu lui en a tenu compte en lui accordant la plus belle mort qu'un chrétien, qu'un Français puisse envier. Puisse son exemple, suivi par vous, mes chers enfants, être compris par la jeunesse si oublieuse de ses devoirs vis-à-vis de Dieu et de la famille, seules bases, cependant, du vrai patriotisme.

Charles de Fenoyl, né le 20 décembre 1861, fit ses premières études sous la surveillance paternelle de l'excellent abbé Vallet, ancien directeur du petit séminaire de l'Argentière, et les continua chez les P. Jésuites de Mongré. Charles avait une nature douce, aimante, et il puisa dans cette éducation toute chrétienne des sentiments de foi qui ne l'ont jamais abandonné, lui assurent son salut et sont la consolation de sa famille.

En 1879, Charles passait son baccalauréat; il se destinait par goût et suivant nos désirs à la carrière des armes; ayant peu de dispositions pour les mathématiques, il n'osa affronter ni l'école Polytechnique, ni celle de St-Cyr; il me demandait, en 1880, de le laisser tenter l'examen d'admission à Saumur; effrayé de le voir, si jeune encore, sans appui, livré à lui-même, je lui faisais part de mes craintes, surtout au point de vue religieux. Charles me répondait en ces termes à la date du 27 avril 1880 :

« Vous n'avez rien à craindre sous le rapport de l'im-
« piété qui règne dans cette école (dit-on), j'ai ma religion et
« je la garde ; je saurai me montrer chrétien et affronter sans
« respect humain les moqueries et les railleries qui pour-
« raient m'être adressées ».

Il abandonna l'idée d'entrer à Saumur et, suivant les conseils d'un capitaine d'artillerie, mon ami, contracta en novembre 1880 un engagement au 36e d'artillerie, qui tenait garnison à Clermont-Ferrant; il avait alors 18 ans.

Son colonel, M. de Champvallier, aujourd'hui général, le commandant Murjas, le capitaine de la Brosse, tous ses chefs se louaient de sa conduite, il était proposé pour le grade de brigadier et allait être nommé sous peu, lorsqu'en juillet 1881 une batterie de son régiment fut appelée en Afrique. Charles me demanda la permission de partir comme volontaire, je la lui accordai et le colonel, sur ma demande, consentit à le désigner.

A la date du 20 juillet 1881, Charles annonçait à sa mère son départ dans les termes suivants :

« Chère petite Maman, je n'ai que bien peu de temps,
« car nous voilà à la veille du départ, je tiens cepen-
« dant à vous dire adieu avant de quitter Clermont.

« Il m'est bien dur de quitter la France et de commencer « ma vie de campagne sans vous embrasser, sans avoir « obtenu le pardon de toutes mes fautes, je sais que vous « me l'accordez, que vous me bénissez; nos cœurs ne seront « pas séparés, car vous m'aimez comme la plus tendre des « mères, je vous aime comme le plus respectueux, le plus « tendre, le plus reconnaissant des fils. J'ai demandé à Papa « de venir m'embrasser avant mon départ, je ne vous fais pas « la même demande, mère chérie, j'aurais peur de manquer « de courage. »

J'allai embrasser à Valence mon cher enfant, il était plein d'entrain, confiant dans l'avenir.

Il s'embarquait le 27 juillet, à Marseille, sur le *Charles-Quint*, en destination d'Oran.

A son arrivée dans cette ville, Charles nous écrit :

« *Oran, 31 juillet 1881.*

« Chers Parents,

« Depuis deux jours nous sommes à Oran ; du matin au « soir nous sommes au travail, la chaleur est accablante, « malgré la brise de mer. Vous comprenez mon chagrin de « m'éloigner de vous, chers Parents, car vous savez combien « je vous aime, mais vous comprenez aussi qu'ayant voulu « m'engager, je tienne à faire campagne et à gagner rapide- « ment et honorablement l'épaulette que je n'ai pas su mé- « riter par mon travail.

« Merci à mon cher Papa d'être venu m'embrasser, un « baiser de vous, si bonne Maman, m'aurait rendu bien heu- « reux, mais le baiser que je ne puis vous donner chaque « soir, chers Parents, je le donne à ma médaille en pensant à « vous et cela me fait du bien.

« Loin de tous ceux que l'on aime, on se rapproche plus « de Dieu, on comprend mieux que c'est un ami, un père qui

« veille sur ses enfants. Oh ! merci, chers Parents, de l'édu-
« cation chrétienne que vous m'avez donnée.

« Nous sommes à Oran pour un mois, dit-on, puis nous « partirons avec une colonne destinée à s'emparer du Figuig ; « je vous donnerai de plus amples détails aussitôt que nous « aurons notre ordre de marche.

« La traversée a été bien mauvaise, j'ai été malade tout « le temps.

« Adieu, Parents chéris, je vous embrasse de cœur « comme je vous aime, embrassez pour moi tous mes frères « et sœurs, que tous vous rendent le baiser de l'artilleur « algérien dont le cœur est et sera toujours près de vous ».

« *5 septembre 1881.*

« Chers Parents,

« Depuis notre départ de France, nous ne savons ce « qu'est un lit ; nous couchons sur la terre et apprenons ce « qu'est la vie de campagne ; néanmoins, je ne suis pas mal- « heureux, tant s'en faut, et puis je ne suis pas homme à me « laisser abattre ; j'en vois qui, pour des bêtises, se font porter « malades, je ne les comprends pas, car je trouve qu'il faut « savoir résister aux souffrances physiques et ne pas se « laisser démoraliser ; je me trouve bien de ce système et, « avec l'aide de Dieu, une fois mon devoir bien accompli, « nous nous retrouverons, chers Parents, et toutes les souf- « frances que j'aurai endurées seront oubliées. Voilà déjà « 11 mois que je suis engagé, qui de nous, l'année dernière, « à cette époque, pensait que je serais sitôt dans ce pays « d'Afrique où mon cher Papa a fait ses premières armes. — « Comme je vous le disais dans ma dernière lettre, je fais « partie de la colonne Négrier, nous ne tarderons pas à « partir. On nous assure que nous aurons un aumônier qui « suivra la colonne, j'en suis bien heureux, car je serais assuré « alors d'avoir un ami et un ami sûr ».

A la date du 2 octobre, Charles nous rend compte d'une petite expédition de 8 jours, qu'il vient de faire avec la colonne; il nous parle du colonel de Négrier, bon et énergique, il est plein de confiance et d'entrain. Dans une lettre à sa sœur Elisabeth :

Géryville, 2 octobre 1881.

« Mon cœur est avec mes chers Parents et vous tous, « frères et sœurs; il me semble voir Ste-Foy bien désert, tous « mes frères rentrés au collége, nos chers parents bien isolés; « enfin, espérons que les uns et les autres nous accompli- « rons notre devoir en suivant le chemin que Dieu nous a « tracé. Que mon cher Guy, destiné à rester auprès de nos « parents, me dise ce qu'il fait, qu'il me donne beaucoup de « détails sur tout ce qui l'intéresse ; sa dernière lettre m'a « fait grand plaisir, et comme lui, j'espère qu'il fera tout ce « qu'il pourra pour rendre heureux tous ceux qui l'aiment. « Bien souvent je regrette d'être seul ici, j'aimerais à avoir « un frère avec moi, et à défaut d'un frère, un ami ; il est des « moments où j'aurais tant besoin de causer à cœur ouvert « au lieu de renfermer en moi-même toutes mes pensées de « famille. N'ayant auprès de moi ni frère, ni ami sincère, je « prends la plume, je vous écris aux uns ou aux autres, et « c'est pour moi le meilleur moment de ma journée que de « venir causer avec ceux que j'aime tant, il me semble être « transporté au milieu de vous tous.

« Dis à Papa que je serais bien heureux s'il pouvait « m'envoyer les poésies de Deroulède, je les avais prêtées à « un homme qui était à l'hôpital, et il me les a perdues ».

« *El-Abiot, 12 octobre 1881.*

« Chers Parents,

« Nous voici de nouveau en route et déjà loin de Géry- « ville; nous marchons depuis 4 jours et à grandes étapes. « L'ennemi est annoncé, espérons que le renseignement sera

« exact, peut-être alors pourrai-je arriver à me distinguer, « ce qui me vaudra de l'avancement. Si-Sliman est, paraît-il, « en tournée de razzia, et si nous le rencontrons je serai « heureux de lui faire avaler une des prunes de mon petit « canon de montagne ».

« *Asla, 26 octobre 1881.*

« Chers Parents,

« J'ai une bonne nouvelle à vous annoncer : je suis « nommé brigadier, ce n'est malheureusement pas dans ma « batterie du 36e où il n'y a pas de vacance, mais au 7e d'ar- « tillerie qui tient garnison en Afrique ; être éloigné de vous « est mon seul chagrin, Parents bien-aimés, et c'en est un « grand ; aussitôt la campagne terminée, je pourrai aller vous « embrasser, vous dire encore combien je vous aime. Hier, « le colonel de Négrier, en m'annonçant ma nomination, m'a « dit qu'il était très heureux de me conserver sous ses ordres, « ma nouvelle batterie faisant partie de sa colonne.

« Je vais rejoindre à Mechéria, je serai encore plus « éloigné de tous ceux que j'aime ; mais bien que loin, je ne « cesse de penser à vous. Je ne voudrais pas laisser passer « la Toussaint sans parler avec vous des présents et aussi « des absents ; je n'oublie pas la fête des Morts. Pourquoi « ne puis-je être avec vous pendant ces deux jours, aller dire « un *De Profundis* sur la tombe de chère Bonne Maman, re- « présentant à Ste-Foy mes chers parents morts ; ce que je « ne puis faire de près, je le ferai de loin, mes prières « s'uniront aux vôtres et je vous suivrai, par la pensée, à la « table sainte où, j'en suis sûr, je ne serai pas oublié.

« Je vois que j'ai des lettres perdues, car vous me « demandez des nouvelles de notre aumônier ? Son nom ? Il « est parti huit jours à peine après son arrivée ; j'ai eu juste « le temps de mettre ma conscience en règle, je devais com- « munier le lendemain, mais cela m'a été impossible, car

« nous sommes partis le même jour ; Dieu, je l'espère, me « tiendra compte de mon intention.

« Me voilà donc brigadier, chers Parents, mais dans « quel pays et à quelle distance de ce cher Ste-Foy où j'ai « laissé mon cœur; nous nous retrouverons car Dieu me pro- « tège et Marie ne m'abandonnera jamais ; cette bonne mère « du ciel veille sur moi, non à cause de moi, mais exauçant « les prières que tous vous lui adressez pour moi; saint « Charles, dont la fête est proche, veille sur moi, lui aussi ; je « suis trop bien gardé pour ne pas faire en tout et pour tout « mon devoir, vis-à-vis de Dieu, de vous, de mon pays.

« Je serai bien heureux de recevoir les poésies de « Deroulède que vous aimiez tant à me lire ; elles me ren- « draient courage si je venais à en manquer, car la vie est « dure et la fatigue est grande ; voilà 15 jours que nous mar- « chons, je ne sais plus ce qu'est le pain ; quant au lit, je « n'en parle pas, n'en ayant pas usé depuis notre départ de « France.

« Adieu, Parents bien aimés, j'embrasse vos photo- « graphies bien des fois par jour; Dieu nous réunira, car « n'est-il pas le trait-d'union entre les parents et les « enfants » ?

« Ein-Sifra, 3 novembre 1881.

« Chers et bons Parents,

« Hier soir, on m'a remis un petit paquet contenant les « poésies de Deroulède et la carte de la province d'Oran que « vous voulez bien m'envoyer. Quand je lis la poésie inti- « tulée : *A ma Mère,* il me semble que c'est de chère Maman « qu'on parle et de mon cher Papa, nous quittant tous pour « partir pour Belfort en 1870.

« Bien qu'ayant changé de batterie et de régiment, je « fais toujours partie de la colonne de Négrier, et j'en suis « bien heureux, car c'est un soldat ; il n'est heureux que

« quand il marche à l'ennemi ; aussitôt arrivé à l'étape, alors « que chacun est sous la tente, lui est à cheval et va lui-« même placer ses grand'gardes ».

« *Ein-Sifra, 10 novembre 1881.*

« Nous venons d'avoir une bonne petite escarmouche le « 5 novembre, près de Moyrahb ; en franchissant un défilé qui « se trouve en avant du village, les Arabes nous ont assaillis « par des roches qu'ils faisaient dégringoler de la montagne « et par des coups de fusil auxquels nous avons répondu « avec ardeur. Nous avons perdu 5 zouaves, dont un lieute-« nant, M. Le Drappier ; nous avons eu quelques blessés, « mais nous avons fait une quinzaine de prisonniers, pris « 700 moutons, autant de bœufs et grand nombre de cha-« meaux. Soyez sans inquiétude sur mon compte, chers « Parents, je suis parti le cœur net et la conscience tran-« quille, ma santé est très-bonne, mon courage est et sera « toujours le même ; je marche heureux de prouver à ma « patrie que l'élève des Jésuites expulsés sera toujours « au chemin de l'honneur. Un accident, cependant, peut « m'arriver ; s'il en est ainsi, Dieu l'aura voulu ; que votre « bénédiction, chers Parents, m'accompagne donc ».

« *Mécheria, 17 décembre 1881.*

« Chers Parents,

« C'est de l'ambulance que je vous écris ; mais ne vous « effrayez pas, je vais bien mieux maintenant ; j'avais attrapé « les fièvres compliquées d'un embarras gastrique ; j'étais « déjà malade quand l'ordre de départ est arrivé, j'ai voulu « marcher, mais n'ai pu résister à la fatigue, et mon capitaine « m'a obligé d'aller à la visite. Le médecin m'a fait entrer « d'urgence à l'hôpital. Le bon colonel de Négrier est venu « m'y voir tous les jours ; j'ai été très fatigué et ai beaucoup « souffert ; le médecin a déclaré que je ne pouvais continuer « pareil travail, que mes forces s'y refusaient, et qu'en con-

« séquence, il m'envoyait en convalescence ; il m'est pénible
« de quitter la colonne en ce moment, mais je dois obéir,
« reconnaissant, du reste, que j'ai besoin de reprendre des
« forces. Quel bonheur de vous embrasser bientôt ».

« *Saïda, 3 janvier 1882.*

« Parents bien aimés, je vais mieux, la force seule me
« manque. Vous ne pouvez vous figurer ce qu'est en
« Afrique une évacuation de malades. Partis de Mécheria en
« charrette, nous avons été horriblement secoués, il nous a
« fallu passer la journée et la nuit, il n'y faisait pas chaud, je
« vous assure ; nous devions prendre le lendemain le train
« pour Saïda, mais le train n'est pas venu, car sur cette ligne
« tout le monde commande et personne n'obéit ; nous avons
« donc dû passer notre journée sur la voie et une seconde
« nuit en charrette. Nous devions partir le lendemain à
« 8 heures du matin, mais à midi seulement la machine
« démarrait ; à une heure du matin, au moment d'entrer dans
« la dernière station, avant Saïda, nous déraillions, très dou-
« cement heureusement, personne de blessé, le train n'ayant
« pas fait la pirouette. Vous voyez, chers Parents, que pour
« des malades, le voyage est bien peu confortable, mais d'ici
« peu, toutes ces fatigues seront oubliées en vous embras-
« sant.

« Comment va chère Orianne et petit Georges ? Remer-
« ciez-bien Paul de sa lettre, a-t-il reçu celle que lui écrivais
« pour le féliciter de la naissance de son fils ? Le temps est
« affreux : pluie, neige. Dès que je saurai le jour de mon
« embarquement pour la France, je vous enverrai une
« dépêche ».

« *6 janvier 1882.*
« (Hôpital de Saïda).

« Je ne sais comment vous exprimer les bontés du « colonel de Négrier, combien il s'inquiétait de ma santé « pendant ma maladie; c'est lui-même qui est venu me cher- « cher sous la tente, c'est lui aussi qui m'a fait quitter la « batterie en me faisant diriger sur les hôpitaux de Mécheria « et de Saïda, malgré mes supplications de me laisser suivre « la batterie.

« Adieu, chers et bons Parents, bénissez-moi au com- « mencement de cette nouvelle année et que chère Bonne- « Maman, du haut du ciel, veille sur moi. »

A la date du 15 décembre 1881, le colonel de Négrier, dans une lettre particulière au général Halliot, lui parle de Charles en ces termes :

« *Elkhaoua-el-galifa (chott Gharbi).*

« Le jeune de Fenoyl, à qui vous vous intéressez, en est « digne à tous égards; je l'ai déjà eu avec moi à la colonne « de Géryville et il est de nonveau sous mes ordres à la bri- « gade C.

« Je suis très inquiet de sa santé; je l'ai fait entrer à « l'ambulance à Oglat-el-Hamara; il a un embarras gastrique « fébrile que je crains de voir tourner en fièvre typhoïde; je « le soigne et le fais soigner de mon mieux; mais vous savez « dans quelles détestables conditions sont les malades de « nos colonnes mobiles, en cacolet, secoués toute la journée « par des temps atroces, mal nourris, etc. Quoi qu'il arrive, « qu'il guérisse tout de suite ou qu'il fasse une maladie plus « longue, je vais lui faire obtenir un congé de convalescence, « il en absolument besoin; il est anémié comme tous les « jeunes gens qui marchent sans arrêt depuis 6 mois. La vie « de colonne est des plus pénibles, et il faut une santé de fer « pour résister plusieurs mois de suite.

« Je vous tiendrai au courant de la santé de de Fenoyl ; « vous pouvez dire à ses parents que le possible sera fait, « tout le monde ici s'intéresse à ce brave cœur qui a toujours « voulu marcher et a donné à tous le meilleur exemple « d'énergie et de volonté ».

Charles, rentré en France, y passa trois mois au milieu de nous, remit sa santé ébranlée, repartit pour l'Afrique dans les premiers jours de mai 1882 et fit de nouveau partie de quelques colonnes.

Il écrivait le 4 juin 1882 :

« *Tlemcen, juin 1882.*

« Chers Parents, j'ai encore une bonne nouvelle à vous « annoncer, je suis maintenu avec le n° 1 pour être nommé « sous-officier; le général Poizat, inspecteur, m'a fait sortir « des rangs, m'a complimenté devant toute la troupe après « m'avoir interrogé et m'a dit en propres termes : « Je suis « heureux de constater par moi-même que vous méritez les « éloges que vos chefs m'ont faits de vous, continuez mon « ami, et d'ici peu vous aurez l'épaulette ».

« Bien heureux, cher Papa, de vous donner cette bonne « nouvelle pour la St Pierre, combien je voudrais être avec « vous, mais puisque je ne le puis, que la volonté de Dieu « soit faite ; si loin que je sois, je ne vous oublierai jamais, « Père bien-aimé, le cœur de votre fils sera plus près de « vous, s'il est possible, sa pensée tout entière est à Ste-Foy, « où je vois chacun attendant avec impatience l'heure de « vous embrasser et de vous souhaiter une bonne et bien « heureuse fête ; puisse Dieu exaucer nos prières et vous « donner le repos dont vous avez tant besoin, après tant de « préoccupations et de fatigues, qu'Il vous conserve long- « temps à l'amour de chère Maman et de vos enfants et qu'Il « permette que tous nous suivions la droite ligne et qu'après « nous avoir rendus heureux ici-bas, Il nous fasse revoir « nos chers Parents qui nous attendent au Ciel.

« Tous ces vœux que je forme, je les confie à ma petite « sœur Suzanne qui, morte bien jeune, veille sur nous tous « du haut du ciel ».

A la date du 6 août 1882 :

« Ma chère Maman, me voilà donc une seconde fois loin « de vous pour votre fête ; un fils peut-il oublier sa mère ? « non, assurément ; ma pensée et mon cœur sont auprès de « vous. Que de remercîments je dois à Dieu pour m'avoir « donné des parents si bons et dont je n'ai qu'à suivre les « exemples ; je le sens d'autant plus aujourd'hui, que je vois « un tas de jeunes gens de famille, manquant de respect et « d'affection pour leurs parents ; moi aussi, j'ai été souvent « coupable, bien bonne Mère, et si la tête a été souvent mau- « vaise, le cœur n'a jamais failli et ne faillira jamais. Quoique « bien éloigné, et peut-être parce que je suis le plus éloigné, « je veux être le premier à vous souhaiter votre fête, c'est « pourquoi je n'attends pas votre lettre que m'annonce « Orianne.

« Adieu, et bonne fête, chère et bonne Maman, que « chacun vous embrasse comme je voudrais le faire moi- « même ».

Le 23 septembre 1882, Charles fut nommé maréchal-des-logis ; les notes données par ses chefs étaient les suivantes :

Notes du capitaine :

« Excellent sujet ; tenue parfaite, énergique, fera un « excellent sous-officier en attendant le moment d'être pro- « posé comme sous-lieutenant ».

Notes du commandant :

« Sujet à pousser ; veut et doit arriver à l'épaulette d'ici « à peu de temps ».

Le colonel de Grandri, commandant l'artillerie à Alger, écrivait à un de mes amis :

« Je sais qu'on est fort content de C. de Fenoyl, qu'il « est proposé pour suivre les cours qui se font à Alger pour « les sous-officiers d'artillerie qui sont jugés capables de « passer officiers ; dans ces conditions, de Fenoyl viendrait à « Alger fin décembre, serait proposé pour officier en 1884 et « aurait de grandes chances pour être nommé ; dites-lui bien, « de ma part, qu'il continue à bien travailler, à se bien con- « duire, comme il l'a fait jusqu'ici, qu'il ne se décourage « pas dans son exil d'El-Aricha, car il en verra le terme de la « manière la plus satisfaisante ».

Charles, rentré à El-Aricha, puis à Tlemcen, put travailler pour être admis à l'école des sous-officiers élèves-officiers d'Alger ; il fut proposé et maintenu, après examen, par son inspecteur, le général Poizat. Peu après, une décision ministérielle supprima les écoles régimentaires de sous-officiers pour créer l'école de Versailles, qui ne devait s'ouvrir qu'en 1884.

La batterie du 36e fut rappelée en France en octobre 83 ; Charles rentra, ayant donc 27 mois d'Afrique et 5 campagnes à l'ennemi.

Revenu à Clermont, Charles fut vite fatigué de la vie de garnison ; désirant faire de nouveau campagne, il nous demanda instamment de le faire passer, avec son grade, dans l'artillerie de marine ; la mutation se fit le 1er janvier 1884.

Charles alla rejoindre à Lorient et informa le général de Négrier de sa décision, en lui adressant ses vœux de bonne année ; il recevait, en réponse, ce témoignage d'affection.

« Merci de votre bon souvenir. Je vous souhaite bon- « heur et santé. Je serai toujours heureux de m'occuper d'un « bon soldat tel que vous ; j'ai pu vous apprécier pendant « nos colonnes d'Afrique et tout mon intérêt affectionné vous « est acquis ».

A la date du 17 mars, le colonel Godin m'écrivait :

« Je viens à l'instant même de nommer adjudant votre « fils Charles, qui est un très aimable garçon, d'une excel- « lente conduite et ayant les sympathies générales ».

En septembre 1884, Charles nous demandait de lui permettre de prendre part à la campagne du Tonkin ; à ce sujet il s'exprimait ainsi : « Il me semble déjà être de retour à « Ste-Foy pour fêter mes galons de sous-lieutenant d'artil- « lerie, mes campagnes, et si l'occasion s'en présente, Dieu « aidant, la croix ».

Cédant à son désir, j'ai fait au ministère de la marine les démarches nécessaires pour obtenir son départ pour le Tonkin, j'en informai Charles, qui me répondait à la date du 17 septembre 1884 :

« Votre lettre m'annonçant votre autorisation d'aller au « Tonkin, et les démarches que vous avez faites pour m'ob- « tenir cette faveur me rendent bien heureux, car je ne vous « le cache pas, cher Papa, j'en avais grand désir ; j'ai vu le « colonel, il m'a approuvé et a ajouté, très aimablement, que « son vif intérêt m'y suivrait. Le départ sera probablement « pour la fin d'octobre ».

« *21 septembre 1884.*

« Merci, chers Parents, de tout ce que vous faites pour « moi, merci à mon oncle Bazouin et à mon oncle du Plessis, « votre fils saura vous prouver sa reconnaissance en vous « arrivant bientôt officier et décoré ; tout le monde ici m'ap- « prouve : le colonel, le commandant sont heureux de voir « des jeunes gens demander à aller à l'ennemi, et, comme « me l'a dit le colonel : en allant au Tonkin vous avez beau- « coup de chances, car à vos cinq campagnes d'Afrique vous « en ajouterez d'autres, et la croix en sera la récompense.

« Merci donc, chers Parents, de la décision que vous « voulez bien prendre à mon égard, je suis persuadé que, « pour moi, c'est la meilleure.

« Si vous m'y autorisez en partant en permission je « m'arrêterai à Auray, où j'irai prier pour vous et pour moi, « me mettant ainsi sous la protection de la Ste Vierge ».

Rentré à Lorient après 15 jours de permission, il nous écrit :

« *Lorient, 15 octobre 1884.*

« Parents bien aimés, en descendant de cheval le « colonel me fait appeler et m'informe qu'il reçoit l'ordre de « faire partir un adjudant avec 4 sous-officiers et 60 à « 80 hommes ; mon départ est donc proche, j'embarquerai « mon détachement à Marseille ; si je passe par Lyon, je « vous le ferai savoir et pourrai dire adieu à Elisabeth et à « Albin qui a été bien aimable pour moi et m'a envoyé, hier « encore, deux lettres de recommandation pour ses corres- « pondants de Chine. Enfin, chers Parents, si le cœur de « votre fils est triste de s'éloigner de vous, celui du soldat « est joyeux de sentir qu'il fait son devoir et qu'il ne faillira « jamais à l'honneur ; votre souvenir qui ne l'abandonnera « jamais en est la meilleure garantie.

« Avant de partir, pardonnez-moi encore les fautes que « j'ai pu commettre, et bénissez votre fils qui vous aime si « tendrement.

« Si je passe par Lyon, j'espère bien embrasser ma « chère Maman, et si Papa vient à Marseille nous ferons route « ensemble. Embrassez bien pour moi tous mes chers frères « absents, mon cher Guy, les Lacombe, les Thomé, les « Garcin, tous mes neveux et nièces ».

De nombreuses marques d'intérêt et de sympathie étaient données à l'artilleur et à sa famille ; un officier supérieur m'écrivait :

« Je ne saurais trop louer monsieur votre fils de son « désir de prendre part à cette expédition lointaine du « Tonkin ; le courage et l'énergie de votre fils contrastent « avec la mollesse et la lâcheté de tant de jeunes gens qui ne « savent pas s'arracher aux douceurs de la vie de famille, « aux plaisirs de la vie de garnison ; l'avenir est aux jeunes « gens qui auront le courage de s'expatrier pour servir « encore la France ».

Aussitôt avisé par dépêche du départ de Charles, je partis avec son frère Guy pour Marseille, où il arriva dans la nuit du 24 au 25 octobre ; il reçut à la gare l'ordre de conduire immédiatement son détachement à bord de la *Ville de Naples*, qui devait appareiller le lendemain pour Alger, ou il devait prendre ses trois pièces de canon de montagne, et s'embarquer, sur le *Winh-Long*, à destination, non du Tonkin, mais de Formose ; l'amiral Courbet demandant de l'artillerie, la destination de Charles était modifiée, et le colonel Godin lui avait donné un témoignage de confiance en le plaçant à la tête d'une section composée de 3 pièces de montagne et de 78 hommes, sous-officiers ou soldats. Revenu me trouver à l'hôtel après avoir interné ses hommes à bord, le reste de la nuit se passa en conversation. Je félicitai mon cher fils de la position exceptionnelle qui lui était faite, lui faisant sentir l'honneur qui pourrait ressortir pour lui de cette situation en évidence, mais aussi de la responsabilité qui lui incombait ; je supposais le cas où, débordé par des forces trop supérieures, un de ses canons tomberait entre les mains de l'ennemi : « Soyez tranquille, me répondit-il, mon cher papa, « dans ce cas je serai tué en embrassant ma pièce ».

Le 25 octobre, à 5 heures du soir, après nous être tendrement embrassés, nous nous quittions pour ne plus nous revoir sur cette terre.

A l'époque où je sus que mes démarches pour obtenir le départ de Charles pour le Tonkin avaient abouti, j'écrivais au général de Négrier pour lui annoncer son ardent désir de le rejoindre et son prochain départ; ce soldat, dont le cœur sait unir l'énergie à la bonté, me répondait :

« *Hanoï, 22 novembre 1884.*

« Monsieur,

« Je viens de recevoir votre lettre du 14 septembre « m'annonçant l'arrivée de Monsieur votre fils; je le recevrai « avec grand plaisir, car j'ai été fort satisfait de sa manière « de servir dans le sud orannais. Ici les occasions de se dis- « tinguer ne lui manqueront pas, et il sera sûr de gagner « rapidement son épaulette ».

Nous avions demandé à notre cher fils de nous écrire un peu, chaque jour, sous forme de journal, afin d'être toujours prêt à clore ses lettres et profiter des occasions pour les faire partir. En nous écrivant d'Alger, où il ne restait que peu d'heures, il se contentait de nous donner quelques détails sur la vie à bord de son petit transport *(la Ville de Naples)* et sur le mal de mer qui ne l'avait pas quitté. Sa correspondance prenant un plus grand intérêt depuis cette époque, je vais la reproduire *in extenso.*

« *Alger*, *27 octobre 1884.*

« Nous quittons Alger, chers Parents, sans avoir pu y « descendre, ce que je regrette. Nous avons un temps splen- « dide, la mer très calme, aussi j'espère bien ne pas être ma- « lade. Nous suivons les côtes d'assez près, elles n'ont de « remarquable que leur aridité; nous croisons des vapeurs « qui tous nous saluent au passage.

« J'ai été bien agréablement surpris, ce soir, en voyant « un aumônier à bord, et ma surprise s'est accrue lorsque le « capitaine en second a commandé: *la prière;* tout le monde « était sur le pont, chapeau bas; l'officier de quart a récité « un *Pater* et un *Ave*, puis chacun s'est retiré à son poste.

« Les officiers du bord sont charmants, très polis et cher-
« chent à nous être agréables.

« A demain, chers Parents, quoique la mer soit toujours
« bien calme, je ne me sens pas très solide et vais me cou-
« cher ».

« *28 octobre.*

« Nous voilà en face de Tabarca, nous avons un bien
« beau temps et filons 12 nœuds à l'heure ; notre bâtiment
« est un très bon marcheur.

« Nous n'avons pas d'occupation à bord, j'en profite
« pour vivre beaucoup avec mes hommes, tâcher de con-
« naître à fond le caractère de chacun d'eux, comme me l'a
« recommandé mon cher Papa ; ils sont contents de me voir
« m'occuper d'eux ; j'en suis satisfait jusqu'à présent. Je fais
« la théorie à mes sous-officiers et brigadiers, je la travaille
« aussi pour mon propre compte. Je fais de la comptabilité
« avec Marchandon, un de mes sous-officiers que cher Papa
« a reçu à déjeuner avec moi, à Marseille : il a rempli les
« fonctions de brigadier-fourrier à Lorient et m'est très-
« utile.

« Nous commençons à entrevoir les côtes de Tunisie,
« nous croisons de temps en temps des bâtiments de cette
« nation qui sont fort élégants. Par instant, je voudrais être
« plus âgé de deux ans, être sur mon retour après avoir mérité
« mon épaulette, gagné peut-être la croix ; je vois la joie
« régner à Ste-Foy. Ce temps est encore éloigné, il viendra
« cependant, j'en suis sûr, et plus l'absence aura été longue,
« plus le plaisir du retour sera grand.

« Je ne vais pas mal aujourd'hui, mais il m'est impos-
« sible de rester dans les cabines, le mal de mer me repre-
« nant aussitôt ; je suis tant bien que mal installé sur le pont.
« Il fait atrocement chaud dans ce moment-ci, je ne sais ce
« que ce sera dans la mer Rouge, mais si cela continue nous
« serons tous rôtis ».

« *29 octobre 1884.*

« Aucune côte en vue ce matin, nous n'en apercevrons « plus jusqu'à Malte, que nous verrons demain seulement ; en « attendant les marsouins dansent autour de nous et nous « procurent une certaine distraction.

« Une bonne farce a été jouée à un caporal d'infanterie « de marine (qui faisait ses embarras) ; un adjudant de la « flotte le met au défi de monter au grand mât par l'échelle, « l'autre, piqué, accepte et dès qu'il est un peu haut, on « découple sur lui deux marins qui l'attachent au mât ; le « pauvre diable a été obligé de payer la goutte à un certain « nombre de marins pour se faire détacher ».

« *30 octobre 1884.*

« Nous voilà en vue de Malte, l'île paraît très grande « mais peu habitée ; les côtes sont arides, nous passons « assez près pour voir sur la plage nombre de Maltais qui « partent pour la pêche ; à part cela rien de remarquable. « Un mot sur mes compagnons de route : nous sommes « 25 en 3e : trois premiers-maîtres de la marine, deux adju- « dants d'infanterie de marine, un garde d'artillerie et moi ; « les autres sont des passagers, pour la plupart employés du « gouvernement, agents des Ponts et Chaussées ou des « Postes. Sauf deux ou trois, ils sont gentils et bien élevés. « Nous avons un M. Charbonnier, de Romans, qui est direc- « teur d'un pénitencier au-delà de Saïgon, il est excessive- « ment drôle et nous amuse beaucoup ; il faut cela, je vous « assure, chers Parents, car la vie est monotone à bord.

« Nous venons d'avoir une grave avarie à notre machine, « on a dû l'arrêter en pleine mer et nous marchons à la « voile, la réparation durera, dit-on, de 4 à 5 heures, ce qui « va retarder sensiblement notre arrivée à Port-Saïd. Nous « ne sommes pas très bien en 3e ; quant à la nourriture, les « suppléments y sont d'un prix exorbitant ».

« 1er novembre.

« Je reviens de la messe, chers Parents, l'aumônier « nous l'a dite à 9 h. 1/2; le commandant du bord et les « officiers y assistaient ; de chaque côté de l'autel étaient « placés des marins qui ont rendu les honneurs. J'ai bien « pensé à vous tous, certain que nous serions réunis par la « prière ; je penserai bien demain à tous nos parents morts ; « si nous avons une messe j'y assisterai, sinon je réciterai un « *De Profundis* pour eux ».

« Nous apercevons les phares de Damiette et d'Alexan- « drie, dans une heure ou deux nous arriverons à Port-Saïd, « je descendrai, si je puis, afin de visiter la ville pendant « que le bâtiment fera du charbon. Le rapport sonne, je « vous quitte un moment, nous allons avoir la messe à bord « car nous n'arriverons pas à Port-Saïd avant midi ».

« 2 novembre.

« Mes impressions sur Port-Saïd ne seront pas longues, « car on nous a mis en quarantaine et interdiction de des- « cendre à terre ; on presse pour faire du charbon le plus « tôt possible ; je regrette de n'avoir pu visiter la ville qui « me semble bien bâtie et très propre. Nous voyons à « chaque instant arriver des vapeurs qui prennent chacun « leur tour pour entrer dans le canal ».

« 3 novembre.

« Nous voilà engagés dans le canal, nous venons de « passer auprès d'une belle frégate cuirassée anglaise qui « stationnait à l'entrée du canal ; elle nous a salués par trois « coups de canons, et la musique a joué la *Marseillaise* pen- « dant que nous défilions devant elle. Le canal peut avoir « 75 mètres de large, sa plus grande profondeur est de « 10 mètres ; tous les 10 kilomètres il y a des gares pour le « croisement des bateaux ».

« Nous n'arriverons à Suez que le 5 au matin, nous « nous y arrêterons une heure et prendrons la mer Rouge ».

« *4 novembre.*

« Ce matin à mon réveil, je me suis recommandé à « Saint Charles, mon patron ; l'année dernière à pareille « époque, j'étais auprès de vous ; enfin, Dieu nous réunira « tous d'ici peu, j'espère, et la joie du retour sera en rapport « de la durée de l'absence. Je ne sais si je vous ai dit avoir « fait, il y a quelques jours, la connaissance du commandant « de Colbert, de l'infanterie de marine ; apprenant son nom, « je suis allé me présenter à lui, il a été fort aimable et m'a « dit avoir bien souvent entendu parler de la famille par son « frère et que, s'il pouvait m'être utile, il le ferait avec « plaisir ».

« *5 novembre.*

« Nous voilà à Suez ; nous avons, bien que d'un peu « loin, aperçu la statue de Mr de Lesseps ; nous sommes « dans la mer Rouge qui n'a de rouge que le nom, les eaux « sont aussi bleues que celles de la Méditerranée. On nous « a montré, dans le lointain, la fontaine de Moïse et le che- « min qu'avaient suivi les Hébreux, dans le désert. Vous ne « pouvez vous figurer, chers Parents, la température que « nous avons ces jours-ci ; on est mouillé comme en sortant « d'une étuve, nous manquons d'air, on a beau développer « les tentes et arroser le pont, on ne peut respirer ; penser « dormir est inutile, car dans nos petites cabines nous som- « mes six et nous étouffons ».

« *6 novembre.*

« Nous avons une nouvelle distraction, ce sont les « poissons volants qui voyagent par bandes à l'avant du « bateau et font des bonds de 50 mètres au moins ; nous « avons vu aussi des oiseaux bruns, à grand bec, avec le

« ventre blanc, ils planent comme les mouettes. En sortant « de Port-Saïd nous avons aperçu des bandes d'ibis, le « commandant en a tué deux qui étaient venus se percher « sur le grand mât. Nous avons une mer assez houleuse et « beaucoup de malades ; mon détachement se comporte « bien à tous égards, pour moi c'est le principal ».

« *8 novembre.*

« Nous arriverons à Aden le 10 au matin, si rien de « nouveau ne survient, car la traversée de la mer Rouge est « assez mauvaise ; beaucoup de bâtiments y ont échoué, « entre autres l'*Aveyron*, il y a peu de temps.

« Nous avons aperçu les îles Périm dont les indigènes « sont encore presque anthropophages ; la côte est aride ; « nous voyons dans la mer ce qu'on appelle les raisins du « tropique : ce sont de grandes herbes ayant des grains « comme des raisins ».

« *10 novembre.*

« Nous voilà à Aden ! nous allons descendre à terre, les « indigènes nous attendent avec des barques et crient à qui « mieux mieux ; ils ont des figures impossibles, des têtes en « pointes encadrées par de longs cheveux de toutes les cou- « leurs. Je vous quitte jusqu'à Singapour, bien-aimés Parents, « en vous embrassant de tout mon cœur, ainsi que frères, « sœurs, beau-frères, neveux, nièces, Mademoiselle. Res- « pects à M. le curé, à M. le vicaire, bons souvenirs à « la famille Vinay, Louison, à tous ceux qui, à Sainte-Foy, « pensent à l'artilleur. Je suis impatient d'arriver à Saïgon, « où j'espère bien trouver de vos nouvelles ».

« *Singapour, 22 novembre.*

« Nous voilà enfin arrivés à Singapour, après une tra- « versée longue et pénible ; la mer était très mauvaise, l'eau

« entrait par les hublots, il fallait tout fermer, et on ne « pouvait rester sur le pont, car les vagues arrivaient avec « une telle violence que tout était enlevé sur leur passage ; « aussi aurons-nous beaucoup d'avaries à réparer en arrivant « à Saïgon. Depuis Aden j'ai eu tout le temps le mal de mer, « et ai été réellement très-souffrant; aujourd'hui tout est fini, « j'ai mis pied à terre et en suis bien heureux. Singapour est « une jolie ville, bien construite, bien propre, la vie y est « très chère ; j'ai remis à M. Greig la lettre de Garcin, il a été « fort aimable, voulait que je prenne gîte chez lui, mais le « *Winh-Long* partant demain matin, je n'ai pas pu accepter. « Nous avons croisé le transport le *Schamrook*, qui se « rend en France avec malades et blessés ; on nous attend, « paraît-il, avec impatience et nous serons embarqués dès « notre arrivée sur le transport *La Nive*, qui nous conduira à « Formose ; nous arriverons probablement le 1er décembre à « Saïgon.

« J'ai eu une désagréable surprise en débarquant à « Singapour ; en ouvrant nos malles qu'on nous avait fait « descendre dans la cale, nous avons trouvé tous nos effets, « voir même nos bottes, mangés par les cancrelas et les « rats ; tous les passagers ont réclamé, je ne sais ce qu'il en « adviendra.

« Quand vous recevrez cette lettre, chers Parents, le « 1er janvier ne sera pas loin, je veux donc me joindre à mes « frères et sœurs pour vous exprimer tous mes vœux et « souhaits. Dieu, je l'espère, exaucera les prières de vos « enfants et vous accordera une année heureuse et bonne ».

« *1er décembre.*

« Nous arrivons au cap St-Jacques, à l'entrée de la « rivière de Saïgon, nous n'en repartons que demain matin : « J'écrirai de Saïgon (où nous devons rester 5 à 6 jours) à « mes oncles Bazouin et du Plessis ».

« *Saïgon, 6 décembre 1884.*

« Nous sommes arrivés à Saïgon, chers Parents, avec « 48 heures de retard, car vu le mauvais temps on n'a pas osé « s'engager dans la rivière : nous sommes arrivés néanmoins « à temps pour fêter la Sainte Barbe avec le peu d'artilleurs « qui restent ici ; nous partirons le 10 pour Kélung ; mon « détachement a bien marché jusqu'ici ; je suis content de « mes hommes à tous égards, un cependant est malade et je « suis obligé de le laisser à l'hôpital.

« Je suis allé me promener l'autre jour jusqu'à Chalou, « ville tout-à-fait chinoise ; mon étonnement a été grand, en « rencontrant dans une rue, un ancien sous-officier d'Afrique « qui remplit les fonctions de trésorier militaire ; nous « avons passé la journée ensemble, nous rappelant les sou- « venirs de notre expédition au sud oranais. D'après les « renseignements, on nous attend impatiemment à Formose « pour commencer l'attaque des forts occupés par les « Chinois. S'en emparer ne sera pas chose facile, paraît-il. « Ce matin, j'ai été avec un de mes amis visiter la plaine des « tombeaux : c'est splendide, elle est couverte de monuments « funèbres superbes ».

« *10 décembre.*

« Que deviennent les Seynois ? Jacques continue-t-il à « bien travailler ? Les Garcin sont-ils revenus d'Italie ? Nous « avons vu le *Volta*, grand navire de guerre, qui a été bien « endommagé à une des dernières affaires, ce qui prouve « que les Chinois tirent moins mal qu'on ne le dit.

« Un capitaine d'artillerie est revenu l'autre jour de la « chasse avec un tigre et trois paons ; le tigre était superbe, « il mesurait 2 mètres de long, il l'a tué à 20 mètres et il « n'était pas bien rassuré. On prétend que le tigre s'attaque « plus souvent à l'Annamite qu'à l'Européen ; il a proba- « blement peur de nos armes de précision ».

« *Kélung, fort de Tamsui, 28 décembre 1884.*

« Chers Parents, me voici arrivé à mon poste et j'en « suis fort content, car ce n'est pas une vie que celle du bord « par le mauvais temps ; nous avons eu une mer atroce, et « avons dû relâcher à plusieurs reprises, de sorte que nous « avons mis 18 jours pour faire un trajet qu'on fait ordinai- « rement en 6, de Saïgon à Formose ; nous avons relâché « 2 jours à Hong-Kong, mais il nous a été défendu de des- « cendre, car la ville, quoique anglaise, est peu sûre et les « Chinois peu aimables. Inutile de vous dire, chers Parents, « toute la joie que j'ai éprouvée, lorsque le vaguemestre « m'a remis 4 grosses lettres de vous ; depuis mon départ « je n'avais rien reçu, et le temps me paraissait bien long. « Merci, chers Parents, de vos souhaits de bonne fête ; « puisse Dieu, en exauçant ceux que vous faites pour moi, « exaucer aussi ceux que je forme pour vous. Il m'est arrivé « aussi une bonne et longue lettre de ma chère Jeanne ; je « lui écrirai, ainsi qu'à ma chère Orianne et à Paul. J'espère « qu'ils n'ont plus de malades. Merci à vous, chers Parents, « de tout ce que vous avez fait pour moi et que je n'ai pas « su assez reconnaître ; loin, bien loin je pense à vous, mon « cœur est constamment à Sainte-Foy, je vous suis partout « et vos lettres, chers Parents, m'y aident beaucoup.

« Je regrette que vous m'ayez envoyé de l'argent, j'en « ai encore de Saïgon ; ici les vivres sont rares et chers ; si « je n'avais fait mes provisions à Saïgon, je ne saurais que « me mettre sous la dent, car nous n'avons de la viande « qu'une fois par semaine, et 90 grammes par tête, le reste « du temps nous avons du biscuit et de la conserve de bœuf. »

« En débarquant de la *Nive*, le 28 à 9 h. 1/2, j'ai été « trouver le capitaine d'artillerie M. de Champglen, qui est à « Kélung depuis un mois environ avec une soixantaine « d'hommes ; il a été fort aimable et enchanté de voir des « renforts lui arriver ; il m'a désigné pour aller occuper avec

« une partie de mon détachement le fort de Tamsui, qui se
« trouve tout-à-fait aux postes avancés et sur la rivière qui
« conduit à la ville de ce nom ; je commande 4 pièces de
« canon, ai sous mes ordres 3 maréchaux-des-logis et
« 30 hommes ; nous sommes à 270 mètres des forts ennemis
« qui nous bombardent toute la journée ; comme entr'acte, ils
« nous envoient des coups de fusil. Les Chinois sont heureu-
« sement fort maladroits ; nous nous trouvons à 400 mètres
« d'altitude, le service est pénible, toutes les nuits j'ai un quart
« de 3 h. ; nous avons avec nous une compagnie d'infanterie de
« marine dont le capitaine est commandant du fort, nous avons
« également 2 canons-revolvers commandés par un enseigne
« de vaisseau, M. de Marsé ; dans ce moment je fais cons-
« truire une plate-forme sur laquelle je compte placer un de
« mes canons de campagne, afin de déloger les Chinois qui
« s'entêtent à nous tirer dessus nuit et jour ; ces misérables
« poussent la barbarie jusqu'à aller déterrer les morts aux-
« quels ils coupent la tête ; comme les têtes des Français leur
« sont payées fort cher par leur gouvernement, ils les portent
« à leurs généraux qui leur donnent la prime, comme on le
« fait en France pour la destruction des loups ; indignés de
« ces procédés, nous agissons sans pitié, pas un ne passe à
« notre portée sans que je ne lui fasse envoyer une prune dont
« la digestion doit être difficile. M. Excelmans, dont j'ai
« entendu faire grand éloge, n'est pas ici, il est à bord d'un
« bâtiment qui croise entre Tamsui et Fou-Tchéou ; je n'ai
« donc pu le voir à mon grand regret.

« On ne tarit pas d'éloges sur l'amiral Courbet et le
« général de Négrier ; il paraît, d'après un officier qui a été
« sous les ordres de ce dernier au Tonkin, que, furieux
« d'avoir été blessé par les Chinois, il a fait élever, à l'en-
« droit même, une pyramide composée de 800 têtes de ces
« types restés sur le carreau.

« Quelques mots sur mon installation et mes occupations,
« chers Parents ; commençons par mes appartements :

« figurez-vous un certain nombre de piquets fichés en terre, « et reliés entre eux par des morceaux de bambous, le tout « est à jour, voilà pour l'extérieur ; le mobilier est encore « moins compliqué, un lit de camp, ce qui est assez peu « doux, une planche avec 4 piquets sert de table, les chaises « sont de même fabrication ; en été, ce doit être charmant, « mais dans cette saison de pluie qui, dit-on, durera encore « deux mois, un parapluie ne serait pas de trop.

« De 6 heures du matin à 10, les hommes sont au « travail ; ils le reprennent de midi à 5 heures, puis le dîner « peu compliqué ; à 6 heures et demie, branle-bas de combat « et chacun à son poste en cas d'alerte ; plus de lumière « nulle part, si ce n'est chez l'officier ou l'adjudant de quart. « Voilà, mes chers Parents, comment est organisé mon temps, « qui me paraîtrait bien monotone si je n'avais souvent « l'occasion de prendre un fusil et de dégringoler un Chinois. « Nous espérons recommencer les marches en avant vers le « mois de mars, il nous faut absolument des renforts, les « Chinois sont au moins 5,000 réguliers dans l'île et occu- « pent de fortes positions ; ils sont bien armés, mais malgré « les balles et les boulets qu'ils nous envoient, ils ne dété- « riorent pas nos travaux de fortification ; nous restons des « heures entières presque à découvert ; pas un homme, « jusqu'ici, n'a été touché.

« J'ai été obligé de laisser sur la Nive mon maréchal- « des-logis Marchandon, que Papa a vu à Marseille ; il avait « la dyssenterie, le médecin ne croit pas qu'il y ait du « danger, mais ayant commencé à lui faire suivre un traite- « ment, il a préféré le garder quelques jours encore ; « malheureusement, il ne reviendra pas avec moi, il restera à « Kélung même ; ce n'est pas bien loin, il est vrai, mais les « pentes sont rapides et glissantes ; je lui ai fait savoir que « vous aviez reçu des nouvelles de sa mère, il me charge de « bien vous remercier. J'ai été bien fier de savoir que quel- « ques journaux du Lyonnais se sont occupés de mon

« départ ; peut-être aussi s'occuperont-ils de mon retour, « car je vous promets, chers Parents, que le jour venu, votre « fils se conduira en brave et tâchera, autant que possible, « d'imiter, cher Papa, votre bravoure et votre courage ».

« *1er janvier 1885.*

« Voilà 3 heures du matin, chers et bons Parents, il « n'est pourtant que 7 heures du soir à Ste-Foy ; je vous « vois tous réunis à table, personne ne manque, j'espère ; « mes petits frères doivent être en vacances du 1er janvier ; « puisse cette année ne leur apporter que joie et bonheur ; « je vous aime tant, chers Parents, que je voudrais vous « voir heureux et heureux toujours. Je vais faire une der- « nière ronde et irai dormir continuant à penser à vous ».

« *2 janvier.*

« Nous avons passé un triste jour de l'an, nous « avons été mitraillés toute la journée, pas un homme n'a « été touché de notre côté, mais, en revanche, nos forti- « fications sont toutes à refaire. Nous attendons des renforts « avec impatience ; il est triste qu'on oublie ainsi les troupes, « beaucoup des hommes qui sont ici ont fait déjà deux ans « de Saïgon, d'autres ont fait la campagne du Tonkin, la « plupart sont épuisés ; quant à mes hommes et à moi, nous « nous portons fort bien ; le climat de Formose paraissant « bon, il faut espérer que cela continuera.

« Je vous écrirai le plus souvent possible, mais si mes « lettres se font attendre, ne m'en accusez pas, attribuez le « retard aux courriers ou aux marches que nous serons « appelés à faire ; dites-le bien à mes oncles Bazouin et du « Plessis, auxquels vous faites parvenir de mes nouvelles, « j'en suis bien sûr, et que je n'oublie pas.

« Adieu, chers Parents, je vous embrasse de tout mon « cœur, ainsi que frères, sœurs, neveux, nièces ; ne m'ou- « bliez pas auprès de mes oncles, de Mademoiselle ; que

« chacun vous embrasse bien pour moi. Mes respects à « M. le Curé, à M. le Vicaire, aux Frères, aux Sœurs; « souvenirs à M. Louison, à M. Vinay, à Caroline, et à tous « ceux qui pensent à moi à Ste-Foy ».

« *8 janvier.*

« Bien chers Parents, nous voilà en possession de « 800 hommes de renfort; je pense que nous ne tarderons « pas maintenant à faire une reconnaissance. La mer est « très mauvaise, il pleut constamment. Nous espérons et « attendons de nouveaux renforts, car nous ne pouvons rien « faire de durable et sommes obligés d'abandonner le len- « demain les positions occupées la veille ».

« *11 janvier.*

« Je reprends ma lettre après un joli coup de tam tam; « 200 hommes du bataillon d'Afrique, envoyés en reconnais- « sance dans la direction d'un grand fort chinois, bien « défendu par des réguliers, ont cru pouvoir s'en emparer; « ils se sont avancés jusqu'à 40 ou 50 mètres de la plate- « forme (de mon fortin nous suivions bien l'opération); ils « ont été reçus par une vive fusillade; sur l'ordre du capi- « taine Bertin, de l'infanterie de marine, qui commande mon « fort, j'ai fait armer mes pièces et me suis mis en devoir de « faire savoir à messieurs les Chinois que nous étions au « poste. J'ai fait tirer 64 coups de canon et suis assuré que « 5 au plus n'ont pas porté. Les hommes du bataillon, « protégés par notre tir, se sont repliés; ils ont éprouvé « quelques pertes, mais elles ne sont pas comparables à « celles des Chinois. Cette affaire, au fond, est malheureuse « pour nous; l'officier n'avait pas l'ordre d'occuper la posi- « tion, nous étions trop peu nombreux pour le faire, nous « avons dû nous replier. Un officier, venu au fort il y a quel- « ques instants, a dit au capitaine Bertin, que notre concours

« lui avait été très utile, notre tir ayant empêché les Chinois « de les poursuivre.

« Le courrier, arrivé hier, m'apporte un gros paquet de « lettres, chers et bons Parents, merci à chacun ; je regrette « que vous m'ayez envoyé encore un mandat, je n'ai besoin « de rien d'ici longtemps ; j'ai encore les trois quarts de « l'argent reçu à Saïgon.

« Je viens d'écrire à Jeanne, je tâcherai d'écrire à Orianne « et à Elisabeth, à mes oncles. Nous avons toujours une « pluie torrentielle qui pénètre partout ; nous avons été « obligés de tendre des toiles de tentes au-dessus de nos « planches à coucher. Impossible de nous sécher, attendu « qu'il est interdit d'allumer du feu à cause de la proximité « de l'ennemi. Enfin, mes hommes ne vont pas mal malgré « cela.

« J'ai demandé au capitaine de penser à moi le jour où « l'on formera la colonne pour la grande marche ; il me l'a « promis, mais il ne faut pas y compter avant la fin des « pluies, soit avant six semaines. Je ne sais ce qu'on dit en « France du petit corps expéditionnaire de Formose, mais « ici, les officiers sont furieux des lenteurs apportées à « l'envoi des renforts, car nous ne pouvons rien faire de « sérieux ni de durable, vu notre petit nombre.

« Vous voilà de nouveau bien seuls, chers et bons « Parents, les vacances du jour de l'an sont terminées. Les « Seynois m'ont écrit de bien gentilles lettres, je ferai tout « mon possible pour leur écrire par le prochain courrier. Je « pense constamment à vous, je voudrais tant vous savoir « heureux et bien portants, délivrés de tous les soucis des « affaires de Paris ; espérons que Dieu qui nous sert d'inter- « médiaire exaucera les prières que chaque jour je lui adresse « à ce sujet ».

« *13 janvier.*

« C'est en revenant de faire ma première ronde que je « viens causer encore un instant avec vous ; hier, à une heure « du matin, nous avons été réveillés par deux coups de fusil « tirés par un factionnaire ; chacun a couru au poste de « combat. Le factionnaire interrogé a prétendu avoir vu des « ombres ramper tout près de lui, nous n'avons rien vu et « n'avons pu vérifier le fait ; toujours est-il que nous sommes « restés sur les remparts jusqu'à 4 h. les pieds dans la boue « et sous une pluie battante ; c'est peu agréable, mais à la « guerre comme à la guerre. Demain matin, au lever du jour « une reconnaissance partira pour tâcher de prendre, non « des Chinois, mais de nous rapporter des buffles ou des « paons, car la viande fraîche nous est inconnue depuis plu- « sieurs jours ; nous souhaitons bonne chance aux chasseurs, « car les haricots de Soissons et les biscuits tous les deux « jours n'ont rien de bien appétissant.

« Je vous ai écrit, je crois, chers Parents, que j'avais « laissé mon sous-officier Marchandon à bord de la *Nive,* « pour cause de dyssenterie ; il va bien maintenant et est can- « tonné à Kelung. Il vient me voir de temps en temps et j'es- « père qu'on me le rendra bientôt. Il m'a dit de bien vous « remercier des démarches que vous aviez faites auprès de « sa mère ».

« *14 janvier.*

« Dès que le beau temps va être revenu, je ferai une « récolte de thé, il y en a beaucoup ici et il est très renommé ; « il y en a des champs à perte de vue ; c'est, avec le charbon, « la seule production de l'île. Les Chinois exploitent le « charbon à fleur de terre et par tranchées ; ils avaient à « Kélung de grands stocks, auxquels ils ont essayé de mettre « le feu avant d'abandonner la ville ; on ne leur en n'a pas « laissé le temps et, aujourd'hui, notre marine brûle les

« charbons de ces : *presque pays*, comme les appellent les « matelots ».

« *15 janvier 1885.*
« (Fort de Tamsui).

« Chers Parents,

« Toujours un temps atroce, pluie battante, un froid de « loup, enfin nous touchons à la fin de la mauvaise saison et « tout se prépare pour former la colonne qui, passant par la « vallée des Mines, a pour but de s'emparer du sommet du « 14. Marcherai-je, je crains bien que non, car un adjudant « d'artillerie nommé Ledieu-de-Ville, qui est plus ancien de « grade, a demandé à marcher ».

« *20 janvier.*

« 1,000 légionnaires nous arrivent, nous voilà en nombre « suffisant, espérons que le temps va se mettre au beau et « que nous pourrons refouler les Chinois. Nos occupations « sont grandes et il faut être constamment sur le qui-vive, « car ce peuple est traître, et s'il savait se servir de ses « armes, nous en viendrions difficilement à bout, les posi- « tions qu'ils occupent étant très fortes. Figurez-vous, chers « Parents, qu'hier matin on m'a fait proposer de Kélung, « des œufs; comme depuis quelques jours nous ne mangeons « que des biscuits et de l'endaubage, j'ai accepté, ce sont « des œufs conservés; j'en ai acheté 152 pour 3 piastres, « c'est-à-dire 15 fr.; nous nous en régalons ».

« *23 janvier 1885.*

« Grand branle-bas aujourd'hui à Kélung, la colonne « part, forte de 2,500 hommes, composée de 1,100 légion- « naires, 800 hommes du bataillon d'Afrique, 400 hommes « d'infanterie de marine et une section d'artillerie ; les coolies « annamites remplissent les fonctions de bêtes de somme.

« Ainsi que je le craignais, je n'ai pu marcher ; malgré

« toutes mes supplications mon collègue n'a pas voulu per-« muter. Le but qu'on se propose est de s'emparer du som-« met du 14, dont je vous parlais l'autre jour; si la colonne « peut réussir les Chinois seront refoulés vers nous et pris « entre deux feux ».

« *25 janvier 1885.*

« J'ai eu, ce matin, deux hommes blessés à mes pièces : « l'un, touché au cou, a un superbe séton, l'autre, mon or-« donnance, au moment où je faisais tirer sur une crête « occupée par les Chinois, a reçu une balle qui, lui traver-« sant le bras droit, est venue s'enfoncer dans les côtes; il « est bien touché, je le crains et le regrette beaucoup : c'était « un bon garçon et brave soldat. On tire beaucoup du côté « où opère la colonne, l'action est certainement très-vive, « mais nous ne pouvons lui venir en aide, car il y a un « brouillard fort épais qui nous empêche de distinguer les « Français des Chinois ».

« *30 janvier 1885.*

« Je n'ai pu reprendre la plume; depuis le 25 nous avons « été presque nuit et jour au poste de combat; nous n'avons « rien pu faire de sérieux, cette fois encore; le mauvais « temps continuant, la colonne a dû rentrer à Kélung, lais-« sant sur les positions prises les hommes nécessaires pour « les garder.

« Les Chinois se sont bien battus, on les dit commandés « par des officiers Anglais et Allemands. Nos troupes ont été « superbes, les officiers ont, comme d'habitude, bien payé « de leur personne; nos pertes sont peu nombreuses, malgré « cinq jours de combat.

« Je viens d'apprendre que mon ordonnance Neyrac est « mort, il n'a pas trop souffert; je l'avais recommandé à « l'aumônier qui, j'en suis sûr, l'a vu et l'a bien soigné. Mon

« sous-officier Marchandon qui, bien que malade encore de « sa dyssenterie, a voulu marcher, est entré à l'ambulance; « j'espère qu'il sera vite remis, car le temps semble se mettre « au beau ».

« 1er au 2 février 1885.

« Encore une nuit blanche, chers Parents, car à minuit « et demi les Chinois, croyant que nous avions abandonné les « positions prises par la colonne, ont voulu les occuper de « nouveau. Ils sont arrivés par des chemins couverts, sans « que les factionnaires s'en soient doutés. Aux premiers « coups de fusil, tout le monde est arrivé au poste, et alors « tout s'en est mêlé : canonnade, fusillade; une section du « bataillon d'Afrique a pu même les refouler à la baïonnette; « cela a duré de minuit et demi à cinq heures du matin. « L'adjudant d'artillerie Ledieu-de-Ville s'est distingué ; il « est proposé pour officier, me dit-on; j'en suis heu- « reux pour lui mais envie encore plus sa place aujourd'hui « que le premier jour de son départ. Enfin, mon tour « viendra et votre fils, chers Parents, saura faire son devoir « et mériter de tous ceux qui s'intéressent à lui; il faut pour « cela marcher en avant et combattre ou rester au fort et « être attaqué; soyez sûrs que je ne négligerai aucune occa- « sion.

« Remerciez bien pour moi frères et sœurs de leurs « bonnes et affectueuses lettres; je voudrais répondre à cha- « cun, mais malgré mon bon vouloir je ne le puis, j'ai trop à « faire; en plus de mon service régulier, construction de bat- « teries, etc., je suis obligé d'étudier et d'apprendre à mes « hommes la manœuvre des pièces irrégulières que nous « avons ici, pièces rebutées en France. Dites bien à chacun « de mes frères et sœurs et aussi à mes chers oncles Bazouin « et du Plessis, à mes tantes, que, malgré le canon et la fusil- « lade, le cœur de l'artilleur est toujours le même.

« Adieu, chers et bons Parents, je vous embrasse comme

« je vous aime, ainsi que frères, sœurs, neveux, nièces, que « chacun vous le rende en pensant à la joie que vous éprou- « verez à retrouver et à embrasser votre sous-lieutenant. Je « me porte bien. 4 février ».

Cette lettre est la dernière reçue avant la nouvelle de la mort de Charles, apprise le 27 mars 1885.

Lettre reçue le 30 mars, 3 jours après la nouvelle de la mort de notre bien-aimé Charles :

« *Fort de Tamsui, 4 février 1885.*

« Depuis deux jours nous sommes continuellement « sur le qui-vive, car les Chinois deviennent décidément trop « audacieux ; ils viennent couper du bois à 150 m. de notre « fort. Ils font bien de se fortifier, car la prochaine attaque « sera sérieuse, nous nous emparerons de leurs positions et « leurs travaux nous seront utiles. Je ne marcherai pas cette « fois encore ; le capitaine veut que ceux qui ont commencé « cette reconnaissance l'achèvent, cela se comprend. Cela « vaut mieux pour moi, du reste, car il m'a promis que je « commanderai les pièces de montagne qui appuieront la « colonne qui, passant par le flanc droit de la vallée, se diri- « gera vers Tamsui.

« Dans la dernière sortie, les Chinois ont laissé 98 morts « sur le terrain, parmi lesquels un officier Européen qu'on « dit être Anglais. Malheureusement on n'a trouvé sur lui « aucun papier, et les prisonniers Chinois ne veulent rien « dire.

« Ledieu-de-Ville est décidément proposé pour sous- « lieutenant ; j'en suis heureux pour lui, car, d'après ouï-dire, « c'est un garçon brave et de sang-froid ».

« *5 février.*

« Je viens de recevoir une bien triste nouvelle, mon « pauvre Marchandon est mort des suites de la dyssenterie.

« Il n'a pas eu le temps de recevoir les derniers sacrements ;
« mais il s'était longuement entretenu, la veille, avec l'au-
« mônier ; ne sachant pas l'adresse de son beau-frère, je n'ai
« pu lui annoncer la triste nouvelle ; si vous avez conservé
« celle de sa mère, je serais heureux que vous lui écriviez,
« chers Parents, et que vous lui disiez que tous regrettent
« Marchandon ; malgré sa faiblesse, il avait voulu faire partie
« de la dernière colonne, il est revenu épuisé de cette marche
« de 5 jours sous une pluie battante. Il ne souffrait pourtant
« pas, m'a-t-il dit, et se croyait même rétabli, mais le 4 au
« matin, il a fallu le porter à l'hôpital et il est mort le 5 à
« 4 heures du matin ; je ne l'ai su que ce même jour à
« 2 heures et n'ai pu assister à son enterrement, vu l'impos-
« sibilité d'aller à Kélung sans une escorte.

« Je regrette beaucoup Marchandon, qui était un bon
« ami et un brave soldat ».

« *7 février.*

« Tout n'est pas rose ici comme vous le voyez, chers
« Parents, la pluie, la boue, tout cela dérange les projets et
« décourage les hommes, aussi je ne laisse pas les miens
« inoccupés, quand nous ne sommes pas sur les remparts, je
« leur fais des instructions dans les casemates ; je n'ai pas à
« m'en plaindre, ils m'aiment bien et cherchent toutes les
« occasions de me faire plaisir ; l'autre jour, allant à la
« corvée d'eau, ils ont trouvé une poule dans une cania,
« en rentrant au fort, ils ont absolument voulu me la donner,
« ils ont tellement insisté que j'ai été forcé de l'accepter ».

« *16 février 1885.*

« Enfin, voilà un bon rayon de soleil qui vient nous
« réchauffer, mais il ne durera pas, je crois, il est trop
« chaud ; cela ne nous serait pas inutile, cependant, et regail-
« lardirait nos pauvres hommes qui sont sous la tente à
« attendre le beau temps, pour marcher en avant et faire

« danser les Chinois, dont l'insolence augmente chaque jour.
« Mon courrier m'est arrivé, l'autre jour, chers Parents, « m'apportant de bonnes nouvelles de vous tous, j'espère « que, cette fois, Papa va être débarrassé de tous ses ennuis, « Merci à Guy de sa lettre et de ses photographies; celles de « Marie et de René sont bien bonnes; je trouve l'autre un « peu sombre.

« Ne croyez pas trop ce que disent de nous les jour- « naux, car ils inventent un tas d'histoires qui nous font « tordre; un lieutenant d'infanterie m'avait prêté l'autre jour « un journal dans lequel je lis que nous avons pris l'île « Formose, il y va un peu vite, monsieur le journaliste, nous « avons pris Kélung et voilà tout, d'ici peu nous aurons le « reste, j'en suis sûr, mais enfin nous ne l'avons pas pour le « moment.

« Vous ne pouvez vous figurer, chers Parents, combien « l'amiral Courbet est aimé ici; il paraît qu'il est si bon, si « juste, si brave; ceux qui ont été, au Tonkin, sous les « ordres du général de Négrier, disent la même chose de ce « dernier et cela, je vous assure, me fait grand plaisir, car « vous savez combien j'aime le général.

« J'ai avec moi un maréchal-des-logis du 12e d'artillerie, « de Lamaze qui, comme moi, aime sa famille, nous en par- « lons constamment ensemble, nous racontant notre vie « intime; cela nous redonne du courage et il nous semble « parfois nous retrouver au milieu de ceux que nous aimons. « Il est, de plus, très religieux et dans toutes les lettres que « sa famille lui écrit on lui dit que chacun prie pour lui; vous « comprenez, chers et bons Parents, que partageant les « mêmes sentiments nous ne pouvons moins faire que nous « entendre parfaitement.

« Je vous embrasse de tout mon cœur, comme je vous « aime, bien aimés Parents, ainsi que frères, sœurs, neveux « et nièces; respects à M. le Curé, M. le Vicaire, aux « Frères, aux Sœurs; bien des souvenirs à M. Louison, à

« M. Vinay, à Caroline, à ma nourrice, et à chacun de ceux « qui pensent à moi à Ste-Foy. Je ne me porte pas mal, n'ai « ni fièvre, ni dyssenterie, de temps en temps seulement des « douleurs dans les jambes ; je me frictionne avec de l'iode « et cela passera. Embrassez bien pour moi, quand vous « les verrez, mon oncle Bazouin, mon oncle, ma tante du « Plessis, mon oncle, ma tante de Poncins et mes cousins ; « respects à M. et à Mme de St-Victor, mille choses à Pierre.

« Votre fils qui vous aime.

« *P.-S.* — Il pleut à torrent depuis 39 jours, est-ce le « déluge ? »

A la réception de cette lettre si pleine de cœur, exprimant si bien ses sentiments religieux et de famille, j'ai écrit à Mme Marchandon pour lui annoncer la mort de son fils et aussi celle de notre cher Charles ; le 2 avril j'en recevais la réponse suivante :

« *Paris, 1er avril 1885.*

« Combien je suis touchée, Monsieur, de la générosité « qui, vous arrachant à votre poignante douleur, si semblable « à la mienne, vous a inspiré de m'envoyer aussitôt la seule « parole capable de me procurer quelque consolation. Ainsi « donc, Monsieur, dans son bon cœur, votre cher enfant « vous a prié de me faire savoir que son pauvre camarade « avait généreusement fait son devoir, et que le soir de son « entrée à l'ambulance il s'était longuement entretenu avec « l'aumônier. Votre langage me prouve, Monsieur, que je « parle à un vrai chrétien ; vous comprendrez aisément quel « adoucissement à ma douleur a produit cette parole ; mon « pauvre cher enfant a donc reçu peu avant l'heure suprême, « les exhortations, les secours de notre sainte religion, il est « mort en paix avec Dieu ; je puis espérer presque avec « certitude le salut de cette âme pour laquelle je me serais

« sacrifiée mille fois avec bonheur. Oh ! merci à vous, « Monsieur, merci à votre généreux enfant qui repose là-bas, « à côté du mien, sur cette terre inhospitalière de Chine ; « désormais je ne saurai plus prier pour mon cher enfant, « que je n'associe à son souvenir celui du noble camarade « qui a compris mes angoisses maternelles et les a calmées.

« Notre France, si cruellement éprouvée, mais aussi si « coupable, a besoin de martyrs qui plaident sa cause auprès « de Dieu ; puisse le sang de nos enfants être le dernier versé « dans cette horrible guerre ; puisse-t-il obtenir grâce pour « la patrie; on le souhaite, on n'ose l'espérer.

« Croyez, Monsieur, que je n'oublierai jamais la preuve « de réelle compassion que vous venez de me donner, et « veuillez agréer l'expression de mes sentiments les plus « distingués.

« Veuve J. MARCHANDON ».

Nous recevions enfin, à la date du 20 avril, la dernière lettre de Charles.

« *17 Février 1885*.

« Bien chers Parents, voilà l'amiral Courbet revenu de « sa petite expédition ; il a coulé deux navires chinois, l'un « armé de 27 canons, l'autre de 15 ; trois croiseurs chinois « se sont malheureusement échappés. En même temps qu'il « portait cette victoire à la connaissance des troupes, il « signalait celle que les généraux Brière de l'Isle et de « Négrier viennent de remporter à Lang-Son (Tonkin). Ces « victoires produisent un très bon effet sur les troupes, que « le mauvais temps continuel commence à décourager. La « pluie fait dégringoler tous nos ouvrages, et il faut travailler « toute la journée pour refaire ce que la pluie a fait ébouler « la veille. Enfin nous approchons de la fin de l'hiver, mais « on ne peut compter sur le beau temps assuré avant le « milieu de mars.

« Obligé d'aller à Kélung hier 19, j'ai vu le capitaine de « Champglen, qui m'a dit avoir reçu du commandant du « fort où je suis détaché, de très bonnes notes sur moi ; il « m'a dit qu'à la première occasion je serai proposé pour « officier ; si donc les circonstances s'y prêtent, je ne tar- « derai pas à avoir ces galons de sous-lieutenant qui vous « rendront si heureux, chers Parents ».

« *23 février.*

« Nous nous sommes réveillés, ce matin, tout étonnés « de ne pas avoir de pluie ; dès que j'ai vu le beau temps, « je suis allé faire, avec mon ami de Lamaze, une ronde « sur la plate-forme, et ai fait mettre mes hommes au « travail ; nous avons été accueillis par une grêle de balles « chinoises ; personne n'a été touché, mais le capitaine « Bertin, qui commande le fort, m'a donné l'ordre de faire « redescendre les hommes, trouvant la position trop dange- « reuse ; cela est ennuyeux, car il nous faudra faire le travail « la nuit, et nous n'avons déjà pas beaucoup de repos. Les « Chinois n'en n'ont, du reste, pas pour longtemps à garder « leurs positions ; dès que le beau temps va commencer, la « colonne se mettra en marche et nous occuperons leurs « places ».

« *24 février.*

« J'avais trop tôt chanté victoire, chers Parents, nous « voilà de nouveau avec la pluie, c'est navrant ; hier soir, « lorsque j'ai fait commencer le travail, le temps se couvrait, « et au bout d'une heure il pleuvait à torrent. J'écris par ce « courrier à Elisabeth pour la remercier, ainsi qu'Albin, des « bonnes lettres qu'ils m'ont adressées. J'ai reçu, par le « dernier courrier, une lettre d'un Monsieur Bérard, qui « m'écrit de Yokohama, me disant qu'il est à ma disposition « pour tout ce dont je pourrais avoir besoin ; il m'offre même « de m'envoyer des vivres ; j'ai accepté, car nous ne pouvons

« rien nous procurer ici. Je lui demande de m'envoyer des « pommes de terre, des choux, des oignons pour mes hommes, « et quelques poulets pour moi ; ils sont bon marché, « dit-on, au Japon. Cela nous changera un peu, car on se « fatigue de manger tous les jours du lard ou de l'endaubage; « il y a cependant amélioration en ce moment ; nous tou- « chons de la viande à peu près deux fois par semaine, « pas beaucoup, il est vrai, 300 grammes par tête, mais « enfin nous sommes déjà bien contents ».

« *25 février.*

« Comment va cette pauvre Orianne ? Paul est-il de « retour de son triste voyage ? Dites leur bien que je pense « doublement à eux ; je sais que l'un et l'autre portaient une « affection très grande à leur oncle. Le coup a dû être bien « dur pour Mme Pellegrin qui, je m'en souviens, était assez « souffrante lors de mon dernier voyage.

« Le Chinois est un peuple bizarre, ses guerriers man- « quent de courage ; lorsqu'ils entreprennent un ouvrage de « fortification, ils se préoccupent, avant tout, de se ménager « une ligne de retraite, bien couverte. Quant à leurs chefs, « on ne les voit que peu ou point ; ces grands mandarins, « considérant que de leur vie dépend, non la victoire, mais « la retraite de leurs troupes, se placent à l'arrière-garde, « souvent même plus loin ; en tout état, ils ne sont jamais « en tête quand les troupes marchent en avant, ni en queue « quand elles battent en retraite ».

« *27 février.*

« Il vient de nous arriver une bonne farce, chers « Parents ; n'ayant pas d'eau dans le fort, nous sommes « obligés d'en envoyer chercher dans un vallon, entre le fort « de Tamsui et une position occupée par les Chinois; pour « s'y rendre on passe à travers des bambous, et on est ainsi « caché à l'ennemi. Ce matin donc, une corvée d'infanterie de

« marine, descendue à l'eau, remonte en débandade, rappor-
« tant les jarres vides ; les hommes semblaient très effrayés,
« et chacun de nous se demandait ce qui avait bien pu leur
« arriver; enfin, le sergent qui les commandait nous raconte
« qu'en arrivant à la source, ils se sont trouvés nez à nez avec
« une troupe de Chinois, venus aussi pour chercher de l'eau;
« ces derniers, quoique armés, se sont enfuis dès qu'ils ont
« vu nos hommes qui, ne l'étant pas, en ont fait autant. Aussi
« va-t-on maintenant aux corvées en armes, mais depuis
« nous ne trouvons plus de Chinois ».

« *28 février.*

« Le capitaine de Champglen me fait dire de me tenir
« prêt à partir en colonne le 4 mars ; j'en suis bien heureux,
« car, Dieu aidant, j'aurai ma proposition. Quelle joie, chers
« et bons Parents ; croyez-le-bien, je ferai tout ce que je
« pourrai et tâcherai de réparer ainsi toutes les fautes que
« j'ai commises en ne travaillant pas comme j'aurais dû le
« faire. Puissent les regrets que j'en ai, aujourd'hui, servir
« d'exemple à mes frères. Ma chère grand'mère, dont je
« porte la croix, veillera sur moi du haut du ciel, et le triple
« souvenir de cette croix, que mon cher Papa portait à
« Belfort, me fera marcher droit dans le chemin du devoir et
« de l'honneur. — Il ne faudra pas vous étonner si le prochain
« courrier ne vous apporte pas de lettres, chers Parents, je
« serai bien loin de tout poste ; je ferai pourtant mon pos-
« sible pour vous faire parvenir, ne fut-ce que quelques lignes.
« Adieu, chers et bons Parents, je vous embrasse de tout
« mon cœur comme je vous aime, ainsi que frères, sœurs,
« neveux, nièces, Mademoiselle. Remerciez bien mon oncle
« du Plessis de sa lettre et de son contenu. Je serai bien
« heureux de recevoir celle de mon bon oncle Bazouin que
« vous m'annoncez ; dites-leur que je pense bien à eux, et si
« vous les voyez, embrassez-les pour moi, ainsi que tantes,
« cousins, cousines. Mes respects à M. le Curé, à M. l'abbé,

« aux Frères, aux Sœurs ; bons souvenirs à MM. Vinay, « Louison ; bonjour à ma Nounou, aux domestiques.

« Votre fils qui vous aime de tout son cœur. »

L'acte mortuaire de Charles ne précise pas la date de sa mort ; il porte seulement : **Tué à l'ennemi dans les combats du 4 au 8 mars, à Formose.**

A la date du 30 avril, nous recevions de de Lamaze, sous-officier au 12me d'artillerie, et dont il nous parlait dans sa lettre du 16 février :

« *Fort de Tamsui, 10 mars 1885.*

« Monsieur, c'est sous le coup d'une vive émotion et « d'une profonde douleur que je viens vous faire part de la « mort de votre fils, Mr C. de Fenoyl, adjudant au régi- « ment d'artillerie de marine. Arrivé à Formose vers la fin « du mois de décembre, il recevait du capitaine commandant « l'artillerie du corps d'occupation, des éloges pour la bonne « conduite de son détachement. Aussitôt débarqué, il fut « désigné pour venir au fort Tamsui, prendre le commande- « ment des pièces de 80 de campagne. Depuis ce jour, nous « avions eu le plaisir de vivre ensemble et de lier amplement « connaissance. Nous étions unis d'une amitié toute frater- « nelle, et cette amitié était devenue d'autant plus étroite « que nous avions été élevés dans les mêmes principes. Il « n'y avait plus de secrets entre nous deux, et son esprit de « famille était si fortement ancré dans son cœur qu'il me par- « lait beaucoup et souvent d'elle. Chaque soir, notre conver- « sation roulait sur nos parents réciproques, et tout en me « parlant de vous-même, de Mme de Fenoyl, de ses sœurs et de « ses frères, il n'oubliait pas ses petits neveux et ses petites « nièces dont il m'a montré les photographies qu'il recevait « dernièrement. Il me dit aussi avoir beaucoup regretté de « n'avoir pas vu sa mère à Marseille, mais qu'il ne l'avait pas

« mandée à cause de la trop grande responsabilité que lui
« donnaient ses fonctions de chef de détachement. C'est ainsi,
« me dit-il, qu'il avait agi avant son départ pour l'Algérie.

« Il y a quelques jours à peine, il me quittait pour aller
« prendre part aux nouvelles opérations contre les Chinois.
« Sa joie était sans bornes; il avait la promesse d'être pro-
« posé pour le grade de sous-lieutenant; il était assuré du
« succès. Il m'avait fait part d'une lettre que le général de
« Négrier écrivait à l'amiral Courbet. Il n'a pas pu se pré-
« senter à l'amiral comme vous l'y aviez engagé, mais il se
« proposait de lui écrire, lorsque son départ subit lui a fait
« différer son projet. Il me fit de courts adieux et partit au
« comble du bonheur; il y a trois jours, j'avais le regret
« d'apprendre qu'il a été tué instantanément, au combat du
« 5 mars, à 2 heures de l'après-midi, par une balle qui l'a
« frappé au front. Ses principes religieux, qui étaient très
« solides, me permettent de vous dire qu'il est mort en bon
« chrétien, tout en mourant en brave soldat. On lui a laissé
« au cou cette précieuse croix que vous aviez, vous-même,
« portée à Belfort. Il a été sincèrement regretté de ceux qui
« le connaissaient, officiers et soldats, dont il s'était concilié
« l'estime par son naturel plein de bonté et de franchise, et,
« tous ici, nous partageons du fond du cœur la grande dou-
« leur que vous causera cette nouvelle si triste, qu'il m'est
« bien pénible de vous annoncer ».

Nombre de journaux de notre région, de Paris, d'Algérie même, ont annoncé la mort glorieuse de Charles.

Le Salut Public. — « Nous apprenons la mort glorieuse
« d'un de nos compatriotes qui vient d'être tué à l'ennemi
« dans les combats livrés autour de Kélung. Il s'agit de
« C. de Fenoyl, adjudant d'artillerie de marine, frappé à la
« tête de ses pièces. Engagé volontaire en 1880, il avait
« demandé et obtenu de faire, sous les ordres du général de

« Négrier, la campagne du sud oranais. Il s'y distingua, et « quand les hostilités avec la Chine commencèrent, il réclama « l'honneur d'être engagé dans l'Extrême-Orient. Comme « adjudant, il commandait les quelques hommes d'artillerie « de marine qui coopéraient aux opérations à Formose. « Il n'avait que 25 ans. Il est triste de voir faucher une exis- « tence *qui promettait* tant d'avenir ».

Le Gaulois. — « Un souvenir à l'un de nos héros frappé « au Tonkin, le comte C. de Fenoyl, adjudant d'artillerie de « marine! Chargé à Formose, du commandement d'une demi- « batterie, il fut frappé le 5 mars d'une balle au front ; sa « mort fut instantanée ».

De nombreux témoignages de sympathie nous ont été donnés, et nous avons vu partager par tous nos amis, notre confiance dans le salut de notre bien-aimé Charles. Il était prêt, et Dieu l'a pris se chargeant de sa récompense; vous trouverez, mes chers enfants, ce sentiment reproduit dans de nombreuses lettres reçues dans ces tristes circonstances.

Je crois devoir vous en reproduire les passages les plus saillants :

Mgr Caverot. — *29 mars 1885.* — « Rien de plus glo- « rieux qu'une telle mort ; mais qu'est-ce que la gloire pour « des parents frappés dans leurs plus chères affections ? Rien « ne peut racheter le brisement du cœur! Je me trompe, celui « qui a permis cette blessure peut la cicatriser. Je m'adres- « serai à Dieu comme vous, et avec vous; demain je dirai la « Sainte Messe pour cette âme, objet de tant et de si justes « regrets; je la célébrerai avec d'autant plus de confiance, « qu'une telle mort est voisine du martyre ».

A.... *L*.... — « Ce que j'avais vu de votre cher enfant, en « m'occupant de lui, d'abord pour le faire entrer dans l'ar-

« tillerie de marine, ensuite pour le faire destiner à cette « fatale expédition du Tonkin, m'a appris quel excellent « sujet vous perdez. Il est bien mort. Mais hélas! quel rude « coup, quelle douleur pour vous ».

L'abbé V...., professeur de Charles pendant les vacances. — « Paris, 1er avril. En station quadragésimale à St- « Etienne-du-Mont.

« Bien cher Monsieur, j'apprends à l'instant le terrible « malheur qui vous frappe et à quelle hauteur de souffrance « s'élève votre patriotisme si ardent et si sincère. La guerre » est impitoyable et atroce ; elle n'épargne guère les braves ; « ayant laissé sain et sauf le père, au siège de Belfort, elle « l'atteint aujourd'hui, avec une cruauté plus dure, dans « l'aîné de ses fils, l'espoir de sa maison et déjà son honneur. « Cher et pauvre Charles! le voilà tombé sur un champ de « bataille dans la fleur de son courage et de ses espérances! « loin des siens, au service de la patrie que vous lui aviez « appris à aimer, et à l'ombre de notre Sainte Croix.

« Tous mes souvenirs de Ste-Foy me reviennent, « Monsieur, et à travers votre deuil et mes larmes, je revois « ce cher enfant, tel qu'il fut toujours, tel que je l'ai connu, « tel qu'il était demeuré, avec sa nature ardente et loyale, « son grand cœur, sa foi profonde et sa piété sincère. Tous « ces dons et toutes ces vertus, sanctifiés encore par son « martyre, sont aujourd'hui couronnés. Ne le plaignons « pas ; il est mort en chrétien comme un héros ; mais qu'il « nous soit permis de le pleurer, car les jeunes gens sem- « blables à lui deviennent rares, et ils sont plus nécessaires « que jamais. Si ce cher jeune homme avait de qui tenir, il « lègue à ses frères et à sa génération tout entière le plus « noble et le plus admirable des exemples. Vous lui disiez « fréquemment (je me rappelle ces exhortations paternelles): « marche à la tête de tes frères ! A-t-il parfaitement suivi « ce conseil, et quel chemin il a tracé à ceux qui viennent

« derrière lui ! Je ne puis, Monsieur, oublier Mme de Fenoyl « dans une épreuve aussi terrible et dont sa tendresse ressent « toute l'amertume. En contemplant ces jours-ci Marie au « pied de la croix, comment ne pas songer à cette autre « mère, à laquelle vient d'être demandé un sacrifice aussi « héroïque. Que la Mère de la sainte compassion ait pitié « d'une douleur pareille à la sienne, et qu'Elle-même vous « communique à tous la force de la résignation et un peu de « consolation dans l'acquiescement à la volonté du bon Dieu. « Ils viennent de tomber sous le mépris et l'indignation « publique, ces hommes néfastes qui ont entraîné le pays « dans une expédition qui vous coûte si cher ; si leur cons- « cience est encore debout, quel poids à porter que les « malédictions des pères, les pleurs des mères, le sang des « enfants. Dieu aura-t-il pitié de cette pauvre France ? et « s'il n'entend plus nos prières, nos sacrifices finiront-ils « par le toucher » ?

Mme E... — « Si quelque chose permet encore d'espérer « le salut de notre pauvre pays, c'est le sang des meilleurs « versé pour lui ; devant tant d'héroïsme, il revient quelque « confiance, et l'on donne aux victimes autant de reconnais- « sance que d'admiration ».

M. R..., curé à Paris. — « Certes, vous êtes bien cruel- « lement frappés, mais que de circonstances bien capables « d'adoucir votre douleur ! Votre jeune, vaillant fils, est mort « comme meurent les héros chrétiens. Il voulait vous rap- « porter de cette lointaine et affreuse expédition les témoi- « gnages de son devoir de soldat bien rempli, et la preuve de « sa fidélité à sa foi ; le bon Dieu, content de sa bonne « volonté, a voulu abréger ses travaux et le récompenser au « début de sa carrière ; bénissons-le, c'est un patron qu'il a « donné à vos autres enfants ; nous prierons cependant pour « lui, nous sommes assurés qu'il nous le rendra ».

A^{al}... Mis G. — « Vous avez, Monsieur, la meilleure « des consolations, celle de penser que votre fils est dans un « monde meilleur, qu'il se préparait à la mort qui l'a frappé, « en adoucissant celle de ceux qui servaient sous ses ordres, « et que, fils de soldat, il est tombé en soldat. Comme, en « pareille circonstance, les mères qui ont formé une âme « virile et chrétienne doivent s'applaudir des sentiments de « foi et d'honneur qu'elles ont déposés dans le cœur de leurs « enfants, par la pensée du bonheur éternel et la profonde « conviction qu'elles les reverront un jour.

« Nous avons obtenu du cardinal Guibert, la concession « d'une chapelle pour la marine dans la basilique du Sacré-« Cœur, à Montmartre ; deux messes par mois y sont célé-« brées : la première pour nos morts, la seconde pour ceux « qui luttent et qui survivent ; veuillez le dire à Mme la « marquise de Fenoyl ; ce sera, sans doute, une consolation « pour elle ».

Gal F... — « Votre fils est mort comme un brave soldat « et un gentilhomme, pour l'honneur de son pays. Dieu, « croyez-le bien, l'en récompensera ; que cette certitude soit « pour vous, pour sa mère, une consolation suprême ».

Lieutenant-colonel M.... — « Nous avons été atterrés « par l'affreuse nouvelle que vous nous avez annoncée, et « tous les yeux se sont remplis de larmes lorsque j'ai lu « votre lettre à ma famille. Nous avions tous conservé un si « bon souvenir de votre cher enfant, si franc et si loyal. « Connaissant sa nature ardente, j'avais bien pressenti qu'il « demanderait à faire partie du corps expéditionnaire, si sa « batterie n'était pas désignée. Vous le dites vous-même, « votre seule consolation est qu'il est tombé à son poste, en « vrai Français et surtout en bon chrétien. Soyez sûr que « vous avez trouvé parmi nous des cœurs amis, qui parta-« gent votre douleur et celle de la malheureuse mère ».

Commandant D.... — « Il n'y a pas de paroles humaines « pour consoler dans de pareils moments ; aussi est-ce plus « haut qu'il faut chercher la résignation et l'espoir ; vous êtes « heureusement de ceux qui ont ce bonheur, aussi serez-« vous soutenu dans cette terrible épreuve par la pensée « qu'il est délivré ici-bas, et que là-haut où il prie pour « vous tous, il vous attend. Ayez du courage, mon ami, « soutenez la pauvre mère ; trouvez tous les deux, dans votre « grande foi, la force nécessaire pour supporter un tel coup ; « ce ne sont que des séparations momentanées, bientôt nous « les retrouverons pour toujours ».

Général B... — « Je crois me rendre compte, comme « père et comme officier général, des regrets cruels que cette « mort prématurée vous cause et de la blessure faite à votre « cœur, comme aussi des pensées de patriotisme et de foi « qui doivent y apporter quelque adoucissement : votre fils a « péri glorieusement, dans le plein exercice de son comman-« dement, donnant à ses subordonnés l'exemple du courage, « du dévouement militaire ; c'est la mort du soldat, esclave de « son devoir, et donnant sa vie pour son pays ».

Père R..., supérieur de Charles. — « J'apprends à « l'instant la mort devant l'ennemi de notre bon et cher « Charles. Permettez-moi de vous dire de suite combien, « tous ici, nous nous associons à votre douleur et aussi « à vos prières. Lundi, devant tous nos enfants, je dirai la « messe pour le repos de l'âme de Charles ; le bon Dieu « l'aura reçu dans sa miséricorde, je n'en doute pas, c'était « une âme généreuse et pleine de foi. C'est bien là, Mme la « Marquise, notre meilleure consolation ».

Colonel G..., de l'artillerie de marine. — « Nous avons « appris avec douleur la fin tragique de votre fils. Il s'était « acquis ici la sympathie générale, et nous espérions qu'il « reviendrait de sa campagne sain et sauf avec l'épaulette « tant désirée. Pour montrer ce qu'il valait, il se sera trop « exposé, et il est tombé en brave, emportant l'estime et l'af- « ection de tous ceux qui l'ont connu. Veuillez être, Monsieur, « mon interprète et celui des officiers du régiment, auprès « des vôtres pour leur témoigner la part profonde et sincère « que nous prenons au cruel malheur qui vous frappe ».

Le Père Augustin. — Oh! oui, croyez-le bien, je m'as- « socie à votre douleur, et, tout en priant pour l'âme de ce « cher enfant, je n'oublierai pas ceux qu'il laisse ici-bas dans « l'affliction. Courage, courage, mon cher Monsieur le « Marquis, et vous aussi, noble mère chrétienne. Offrez bien « à Dieu le sacrifice qu'il vous a demandé, et prions-le que « le noble sang de ce cher enfant, si glorieusement et si « chrétiennement versé, soit une source de bénédiction pour « ses frères et sœurs et pour toute votre famille. Vous êtes « tous deux d'une race qui n'a jamais su marchander son « sang pour la cause de Dieu et de la patrie. Quel bel accueil « vos nobles ancêtres ont dû faire à ce jeune héros dont la « mort glorieuse les a réjouis et est venue ajouter un nou- « veau fleuron de gloire aux blasons déjà si riches des Fenoyl « et des du Plessis ».

M. J... — « J'ai besoin de vous dire qu'ayant souf- « fert tout ce que vous souffrez, ayant perdu, comme « vous, un fils sujet d'orgueil et d'espérances légitimes, je « dois sentir votre douleur comme personne ; je vous prie « donc de me permettre de mêler mes larmes aux vôtres. « Dieu veut des victimes nobles et pures qui lui soient « agréables, et voilà pourquoi il a choisi nos beaux, bons et « braves enfants : c'est un grand honneur qu'il nous a fait, je « le sais, mais j'ai peine à me résigner ».

M. l'abbé V..., précepteur de Charles pendant 4 ans. — « Permettez-moi, Madame, de mêler aux vôtres les larmes « dont mon cœur est inondé. Je ne puis croire à un tel mal- « heur ; et je suis obligé de m'incliner devant les décrets de « la Providence. Je ne trouve dans mon cœur meurtri par ce « coup aucune parole de consolation à vous donner, je ne « puis que vous montrer le ciel et aussi le Calvaire, où une « mère éplorée recueille les soupirs de son fils expirant. Non, « les paroles ne peuvent rien ; c'est à votre foi, à votre « amour de Dieu qu'il faut demander du courage. Souvenez- « vous combien ce brave Charles était profondément reli- « gieux : il est tombé en héros et en martyr du devoir : Dieu « l'a bien accueilli. O bon et bien cher Charles ! que de larmes « tu feras verser, mais tu t'es montré digne d'une famille de « héros ; ta mémoire sera bénie à jamais, car tu déposes un « nouveau fleuron d'honneur sur ta noble maison ».

Mme C..., veuve d'un lieutenant-colonel d'artillerie. — « Nous ne faisons que pleurer depuis ce matin et je ne « saurais rien vous dire que notre chagrin. Il n'y a pas de « consolation banale pour une pareille douleur, et Dieu qui « vous frappe vous aime et adoucira lui-même cette plaie « saignante. Vous êtes braves tous deux, et je suis sûre que « la belle mort de votre cher fils vous exaltera par son « héroïsme même ; il a payé en brave sa dette de chrétien et « de soldat ; soyez fiers de lui ; tous les pères, toutes les « mères de nos jours n'ont pas semblable consolation. Mais « le coup est affreux et nous ne cessons de gémir, de parler « de cette belle jeunesse fauchée loin de vous, en pleine fleur, « de tant d'espérances brisées. Soignez-vous tous deux, il « vous reste d'autres enfants à rendre dignes de vous et de « leur frère ».

Mlle G... — « Bien chère Madame. Pauvre Mère,
« Vous êtes bien la Mère des douleurs, et ceux qui vous
« aiment sont dans la désolation. Il était trop parfait pour
« rester longtemps parmi nous, ce brave et vaillant soldat, ce
« courageux enfant que le péril attirait sans cesse, et
« que la passion du devoir a conduit à la plus belle mort
« qu'un homme de cœur puisse envier !... Mais il était trop
« jeune pour mourir encore ! Depuis longtemps, bien sûr, le
« Seigneur l'avait choisi ; mais en vous voyant, pauvre mère, il
« hésitait sans doute ; mais enfin, aux grandes âmes il demande
« de tels sacrifices, et il a frappé un coup terrible !

« La moisson était mûre, il est vrai ; la patrie a reçu de
« lui déjà plus que ne lui donnent les neuf dixièmes de ses
« enfants ; et la glorieuse page qu'il ajoute, lui, le digne fils
« du Marquis de Fenoyl, à l'histoire de votre nom est déjà
« plus que pleine !... Mais c'est précisément pour cela que
« votre douleur est plus immense et que nous pleurons
« davantage. Tous ces souvenirs qui voileront plus tard la
« blessure inguérissable de ce coup de la Providence, ne font
« que grandir nos regrets, et plus nous vous aimons, plus
« nous sentons qu'il nous est impossible de vous consoler.
« Je prie de toute mon âme la Ste Vierge qui a tant souffert
« pendant cette semaine, de veiller sur vous. Et lui, ce
« jeune héros, ce noble chrétien, nous le supplions de
« consoler son malheureux Père et sa pauvre Mère » !...

Lettre de la mère d'un camarade de Charles. — « Ce sont
« les quelques lignes du journal qui m'ont appris votre perte
« cruelle et la mort glorieuse de votre admirable fils. Quels
« regrets ne donnera pas le mien, à cet excellent ami, qu'il
« aimait depuis si longtemps et si véritablement : il me disait,
« il y a quelques mois, en le revoyant au moment de son
« départ, qu'il l'avait bien retrouvé le même, toujours plein de
« cœur, de sérieux, des plus nobles sentiments. Puisse la
« pensée de ces sentiments, de cette foi conservée dans la

« dure et difficile vie de régiment, de cette fin si glorieuse des « braves, adoucir, Madame, l'amertume de vos regrets et le « déchirement de votre cœur. Je le demande instamment à « Dieu en unissant ma prière à la vôtre pour le bonheur « éternel de cette âme si vaillante et si chère ».

M. de Montvalon, camarade de Charles et de Guy. — « Mon cher Guy, j'ai été douloureusement ému de la triste « nouvelle que m'apporte ta lettre, et je ne sais pour « exprimer ma douleur, que mêler mes regrets et mes larmes « aux regrets et aux larmes d'une famille à qui la mort vient « de demander un si dur sacrifice. C'est dans cette pensée « et à l'intention de mon pauvre et cher ami, que j'ai assisté « ce matin au service funèbre célébré pour nos braves et « malheureux soldats tombés au Tonkin.

« S'il est une consolation qui adoucisse votre deuil, c'est « assurément celle qui vient de l'honneur dont est entourée « la mort de Charles, succombant pour la défense du dra- « peau, au service de son pays. Charles est mort en héros « chrétien ! la générosité et la noblesse de son cœur, en même « temps que la solidité et la vivacité de sa foi me permettent « de l'affirmer. Et qu'y a-t-il de plus beau pour un chré- « tien et de plus précieux, que de se présenter à Dieu avec « la double palme du devoir accompli et du sacrifice noble- « ment accepté ? J'ai assez connu Charles, et j'ai pu assez « l'estimer, pour reconnaître dans son trépas ces caractères « qui étaient dans son âme. J'avais à Mongré, dans Charles, « un ami bien cher, de qui j'avais gardé les meilleurs souve- « venirs. Son amitié m'était bonne à cause des qualités que « renfermait son cœur, à cause de la générosité de son carac- « tère et de l'élévation de son esprit ; toutes ces qualités qui « rendent plus vive la douleur de l'ami qui le pleure, le con- « solent aussi en rappelant à son âme les espérances chré- « tiennes, qui font d'une mort comme celle de Charles un « passage à l'éternelle vie ».

Reboul, camarade de Jean à la Seyne. — « Cher Jean, tu « sais combien je compatis à ta peine, et combien je voudrais « apporter un baume à ta douleur. Hélas ! si les consolations « d'un ami peuvent, un instant, calmer ton chagrin, permets-« moi de m'y associer en t'aidant à supporter le poids dont « Dieu t'accable ; ton noble frère n'est plus ; mais considère « dans quelles circonstances il vous a quittés, toi et ta « famille. Il est mort ; mais il est mort pour sa patrie, il est « mort pour son Dieu ; en mourant, son dernier regard a été « pour la France et sa dernière pensée pour ses parents. « Victime du devoir, il a béni la main qui le frappait puis-« qu'il est mort en bon chrétien. Maintenant, dans le ciel, il « va prier pour toi ; il veillera sur toi et sur toute ta famille, « il éloignera de vos têtes les dangers qui pourraient vous « menacer. Jean, je te sais chrétien, et la religion seule peut « t'aider à supporter l'épreuve que le ciel t'envoie ; tu en ren-« contreras plus d'une semblable dans ta vie, car le chemin « est parsemé d'épines ; mais toujours souviens-toi que cette « terre est une terre d'exil où l'homme doit souffrir d'abord « pour être heureux plus tard. Loin de regretter ton frère, « envie plutôt son bonheur, en imitant ses vertus et en dési-« rant de mourir comme lui d'un si glorieux trépas ».

Vindry, camarade de Jean à la Seyne. — « Cher Jean, le « malheur qui t'accablait hier, m'a tant fait d'impression que « sur le moment je n'ai su que te dire, j'ai compris par là « combien le coup qui t'a frappé a dû être terrible ; mais « voilà le premier moment passé, après avoir pleuré, après « t'être laissé abattre comme homme, il faut te relever comme « chrétien, comme Français.

« Si maintenant on mettait en ton pouvoir de rappeler « ton cher frère sur la terre, oserais-tu l'arracher au bonheur « dont, s'il ne jouit pas encore, il ne tardera pas à jouir, « pour le remettre en butte aux fatigues et aux peines de « toutes sortes ? voudrais-tu par un chagrin trop violent

« troubler son bonheur dans le ciel ? Il devait quitter la terre
« un jour, que ce soit plus tôt ou plus tard, que penses-tu
« qu'il vaille mieux ? plus tôt, n'est-ce pas, parce qu'il a eu
« moins à souffrir et qu'il est mort d'une mort pleine de
« gloire ; et puis il était Français et comme tout Français il
« se devait à la patrie : mourir sur un champ de bataille, la
« face tournée vers l'ennemi, n'est-ce pas la plus belle des
« morts » ?

Vers sur la mort de Charles de Fenoyl.

A JEAN.

La France demandait des guerriers pour combattre,
Des mains pour relever ses drapeaux abattus ;
Charles s'offrit alors, il partit pour se battre
Et ne retourna plus.

Conduit par le devoir, il fut grossir le nombre
De ces vaillants héros, fidèles à l'honneur,
Tombés pour la patrie et qui dorment à l'ombre
De la croix du Sauveur.

Un jour, comme il chargeait, tout brillant d'espérance,
Sur la terre étrangère il tomba tout sanglant,
Mais avant de mourir, il cria : « pour la France,
« Pour la France, en avant ! »

Et pour toujours alors, il ferma sa paupière,
Ce héros de vingt ans, et l'on put dire : « il dort »
De ce sommeil sans fin, du sommeil de la terre,
Qu'on appelle la mort.

Ami, ne pleure pas son sort digne d'envie,
En chrétien, en Français, ton frère a su mourir ;
Sans regrets, sans remords, il a quitté la vie
Comme fait un martyr.

Ami, ne pleure pas, une palme immortelle
Récompense celui qui te fut enlevé,
Car l'ange des combats le marqua de son aile
Par le seul mot : SAUVÉ !

CH. DE SOLIES.

Papiers trouvés, après sa mort, dans le secrétaire de notre bien-aimé Charles.

1er novembre 1878.

1° Je prends la résolution, ô mon Dieu, de ne jamais m'endormir avec un péché mortel sur la conscience.

2° De ne jamais mentir.

3° De chercher à donner, à mes chers Parents, par ma conduite pleine et entière satisfaction.

4° Je vous demande, ô mon Dieu, de me garder longtemps mes bons Parents, et de développer en moi l'énergie qui me manque.

Promesse pour mon petit neveu Georges.

Je promets, dès que mes moyens me le permettront, de faire poser à Notre-Dame des Victoires, une plaque de marbre commémorative, si la Ste Vierge rend la santé à Georges Thomé.

Comte de FENOYL.

Ce 8 mai 1882.

Mes chers enfants, vous avez connu votre frère, pieux, bon, aimant, donnant toutes ses affections à Dieu, à sa famille, à son pays ; ses lettres, celles de ses chefs, vous l'ont fait connaître dans sa courte vie militaire, conservant, malgré les écueils de la route, ses mêmes sentiments. Vous y remarquerez avec quelle résignation il accepte les fatigues, les privations, les souffrances ; il s'est fait à l'obéissance passive, respectant ses chefs, ne s'en plaignant jamais :

Le général Ambert, dans son admirable ouvrage sur la triste campagne de 1870, nous donne le *desiderata* du vrai soldat, je ne résiste pas à mon désir de terminer ce *memento* sur notre cher Charles en vous retraçant certains passages qui semblent appropriés à votre cher frère.

« Le soldat français fut battu en 1870, non parce qu'il « était mauvais soldat, mais citoyen sans patriotisme. Com- « ment aurait-il conservé l'esprit militaire, en perdant la foi « religieuse et le respect de la loi ; une société corrompue ne « saurait avoir une armée disciplinée, calme et résignée.

« Mes enfants, aimez votre pays, aimez-le de toutes les « forces de votre âme : pour lui, sacrifiez tout, jusqu'à votre « vie. N'oubliez pas que l'armée est, non seulement l'hon- « neur du pays, mais son protecteur éternel.

« Pouvons-nous espérer que les mâles accents d'un « soldat de la dernière guerre réveilleront l'esprit militaire « dans notre pays et feront renaître le patriotisme ? Oui, si la « parole du prêtre se mêle aux appels du soldat ; non, si « celui-ci fait seul entendre sa voix. Le patriotisme est un « sentiment plus que terrestre, et l'esprit militaire touche à « l'esprit religieux.

« La France a été créée par un génie qui, d'une main « tenait l'épée, et la croix du Chrétien de l'autre ; c'est de « l'union séculaire de la force et de la foi qu'est sortie cette « patrie qui a fait dire : *Gesta Dei per Francos*. C'est en « France, seulement, que la mort du soldat au champ de « bataille, a été comparée à la mort du martyr, et par cela « même sanctifiée.

« Mgr de Noé, évêque de Lescar, prononçant un discours « pour la bénédiction des drapeaux, s'écriait devant la troupe « assemblée : Oui, vous êtes les martyrs du devoir, les mar-

« tyrs de la charité chrétienne et nationale, les dignes rivaux
« des martyrs de la foi, et j'oserai vous adresser au fort de
« la mêlée, les paroles que saint Cyprien adressait aux mar-
« tyrs de la foi au milieu de leurs tourments : c'est ici un
« grand et glorieux combat, où le prix du vainqueur n'est
« pas moindre qu'une gloire immortelle.

« Un grand penseur chrétien, L. Veuillot, disait : « Osons
« le proclamer : heureuses, malgré leur deuil, les familles
« dont le sang coule dans le grand travail de la patrie ! leur
« noblesse s'y fonde ou s'y rajeunit ; et cet accroissement
« de patriotisme, d'honneur et de vertu qu'elles possèdent
« devient un gage de leur durée. On le savait jadis, on peut
« s'en ressouvenir : les familles se perpétuent par les immo-
« lations. Dieu ne les a pas fait durer en proportion de ce
« qu'elles gagnent, mais de ce qu'elles donnent. L'aumône
« et le sang, c'est l'arrosement qu'il faut aux arbres généa-
« logiques.

« Le prêtre et le soldat sont frères ; toute société hostile
« à l'un est ennemie de l'autre, car tous deux représentent
« les mêmes principes. Il faut qu'en levant les yeux vers le
« ciel, un Français puisse contempler à la même hauteur la
« croix du prêtre et l'épée du soldat ; c'est donc vainement
« que nous tenterions de relever l'épée, si nous ne relevons
« la croix : les mots Dieu et Patrie sont inséparables ».

Le général Ambert nous raconte la mort héroïque du colonel Achilli, commandant le 44me de marche, tué au combat de la Cluse, en 1870, au moment du passage de nos troupes en Suisse.

« Connaissant l'intrépidité d'Achilli, le général Billot
« l'avait mis au poste le plus dangereux. A un moment, le
« 44me de marche hésitait, et l'heure était suprême. Le rapide
« dialogue suivant s'établit entre Achilli et ses soldats :
« Qu'avez-vous donc, mes enfants ? vous n'allez pas ? —
« Mais nos camarades passent en Suisse ! — Eh bien ! c'est

« votre gloire de rester en France. — Mais nous allons nous « faire tuer ! — Sans doute ! c'est ce que je vous disais, « vous resterez en France. Il prononçait ces paroles, lors- « qu'une balle lui traversait la poitrine, et il tombait mort ; « c'est ce qui a fait dire à un prélat, Mgr Besson : LA BALLE « DONNE DES AILES A L'AME DU SOLDAT CHRÉTIEN POUR « S'ENVOLER D'UN TRAIT DANS LE SEIN DE DIEU.

« N'exaltons pas, outre mesure, les vertus nécessaires « pour ainsi mourir ; une seule s'impose : le mépris de la « mort.

« Le mépris de la mort, a dit le Père Lacordaire, voilà « le principe de la force morale. Tant que la conviction de « la justice ne va pas jusque-là, tant qu'on craint de mourir, « il n'y a rien à espérer de l'homme dans les grandes occa- « sions. C'est le mépris de la mort qui fait le soldat, qui « crée le citoyen.

« Dans une autre circonstance, et devant un auditoire « composé de jeunes gens, le P. Lacordaire s'écrie :

« Vous avez devant vous une longue carrière ; mais si « vous préférez la vie à la justice, si la pensée de la mort « vous trouble, cette carrière, que vous vous peignez si « belle, sera tôt ou tard obscurcie par des faiblesses indignes « de vous. Citoyens, magistrats, soldats, vous rencontrerez « des heures où le mépris de la mort est la seule source du « bien-dire et du bien-faire, où les vertus privées ne servent « plus à couvrir l'homme, mais où il faut l'intrépidité d'une « âme qui regarde plus haut que le monde, et qui y a placé « sa vie avec sa foi. Si cette foi vous manque, c'est en vain « que la patrie comptera sur vous, c'est en vain que la vérité « et la justice vous regarderont, du haut du ciel, leur éter- « nelle demeure, et que la Providence amènera sous vos « pieds des événements capables d'immortaliser votre vie, « vous ne les comprendrez pas. La gloire passera devant « vous, vous tendra la main, et vous ne pourrez pas même « lui dire son nom ».

J'écrivis à M. de Lamaze, lui demandant si, dans ses lettres, son fils lui avait donné quelques détails sur notre cher Charles ; il me répondit le 17 mai 1885 :

« Dans beaucoup de ses lettres, mon fils se plaignait de son éloignement, et il ajoutait qu'heureusement il avait, comme consolation, le bonheur d'avoir près de lui un jeune camarade comme il est difficile d'en trouver dans les régiments. Voici quelques passages qui ont rapport aux sentiments qu'il exprimait au sujet de M. votre fils :

« *Janvier 1885.*

« Si je n'ai pas le bonheur d'être près de vous, vous « êtes bien souvent le sujet de mes conversations avec mon « ami de Fenoyl, dont je vous ai parlé si souvent ; grâce à « lui, l'exil m'est moins pénible ; notre plus grande joie à « tous les deux, lorsque nous sommes ensemble, est de « causer de chacun des nôtres ; nous les passons tous en « revue, et nous nous proposons, à notre retour en France, « de nous faire faire réciproquement la connaissance des « deux familles, pour augmenter encore, s'il est possible, « l'amitié et l'affection que nous avons l'un pour l'autre ».

« *Février 1885.*

« Je suis toujours dans l'île Formose, en compagnie de « mon excellent ami C. de Fenoyl ; nous ne nous quittons « que lorsque le service nous force à nous séparer ; j'ai pour « lui une très vive affection, et je désire beaucoup vous le « faire connaître.

« J'ai été, depuis ma dernière lettre, l'objet d'une nou- « velle proposition pour le grade de sous-lieutenant ; j'en ai « été, comme vous pouvez le penser, très content ; ma joie a « augmenté lorsque j'ai appris que mon excellent ami allait « être, lui-même, l'objet d'une semblable proposition ; cette « nouvelle m'a fait, je puis le dire, presque autant de plaisir

« que la proposition me concernant, car l'intérêt que je lui « porte me fait désirer pour lui autant de bonheur que pour « moi-même ».

27 mai 1885.

M. l'abbé B... — « Monsieur, j'ai tardé bien long- « temps de vous remercier du précieux souvenir de votre « regretté et glorieux enfant ; je n'avais, certes, pas besoin « d'avoir son portrait pour garder de votre cher Charles un « affectueux et impérissable souvenir ; cependant je serai « heureux de pouvoir souvent contempler du regard cette « physionomie si douce, si franche, si sympathique et si « noble en même temps. C'est bien là le miroir de cette âme « qui nous apparaît si belle, si élevée, si généreuse dans cet « autre monument, plus précieux encore, que vous avez élevé « à la mémoire de votre glorieux enfant. Oh ! avec quel « déchirement de cœur, et avec quelle admiration en même « temps, j'ai parcouru ce recueil des dernières lettres de « votre bien-aimé Charles. M. Vallet et moi, nous l'avons lu « ensemble, les larmes aux yeux, et la voix souvent entre- « coupée par les soupirs et les sanglots ! Quelle âme géné- « reuse ! comme elle grandit rapidement ! comme elle s'élève « naturellement, simplement, jusqu'à l'héroïsme ! On n'y « sent vivre que les trois plus belles passions qui peuvent « faire vibrer une âme élevée : Dieu, la famille, la patrie. « Comme il vous aimait tous, ce cher enfant ; comme il était « content de vous annoncer une bonne nouvelle ! de vous « exprimer ses espérances pour l'avenir ! tout cela pour vous « rendre heureux, pour effacer de votre souvenir ses petites « faiblesses de la jeunesse. Brave et généreux Charles, quels « nobles exemples vous laissez à la jeunesse de votre âge ! « Comme il serait à désirer, Monsieur, qu'ils ne restassent « pas enfermés dans le sein de la famille, et dans le cœur de « ceux qui ont connu et aimé votre enfant. Notre jeunesse,

« aujourd'hui, dissipe et anéantit dans leurs germes toutes « les belles semences que Dieu voulait y voir grandir. « L'amour du plaisir, l'égoïsme, l'oubli de la famille et de « Dieu, voilà les horribles plaies dont souffrent et meurent « les jeunes gens de nos jours. Rien de plus beau, rien de « plus salutaire, aucune leçon plus grande et plus utile ne « pourrait leur être donnée que le spectacle d'une âme géné- « reuse, travaillant de toute son énergie à réparer ses fautes, « à grandir ses mérites, guidée seulement par son amour « pour Dieu, pour sa famille, pour son pays ! Nous voyons, « tous les jours, tant de misères morales ! tant d'effrontés « acteurs de tout genre s'étalent au grand jour, uniquement « occupés de leurs vanités et de leurs jouissances, qu'il serait « grandement temps et profondément utile de montrer à nos « jeunes générations que cette molle corruption n'a pas tout « envahi, et qu'il reste encore des âmes qu'animent les plus « nobles sentiments. Sans doute, Monsieur, la perte d'un tel « fils a dû produire dans le cœur d'un père et d'une mère « tendrement aimés, une déchirure profonde, une inconso- « lable douleur ; tous ceux qui ont connu et connaîtront votre « bien-aimé Charles partageront cette sympathique et trop « juste douleur ! Mais combien de pères, combien de mères « vous envieront le bonheur et l'honneur d'avoir un tel fils ! « Comme il avait su se faire aimer, admirer de tous ceux qui « l'entouraient. On ne sait qui l'aimait le plus, de ses subor- « donnés, de ses égaux, de ses supérieurs ; tous l'ont pleuré « comme un ami.

« Agréez, etc. ».

Kélung, 31 mars 1885.

Lettre du capitaine de Champglen. — « Monsieur, j'ai « l'honneur de vous avertir que vous recevrez en même temps « que cette lettre, un colis postal renfermant divers souvenirs « ayant appartenu à M. votre fils, l'adjudant de Fenoyl, tué « devant l'ennemi, le 5 mars, à 3 h. de l'après-midi.

« Dans la matinée du 5 mars, pendant que nous chemi-
« nions, votre malheureux fils me remerciait chaleureuse-
« ment d'avoir bien voulu le désigner pour faire partie de la
« colonne ; il voulait gagner le grade d'officier, et il aurait
« certainement atteint son but, car déjà dans la journée du
« 4 mars, j'avais pu apprécier sa bravoure et son sang-
« froid.

« C'est à l'attaque d'un fort chinois, à la tête de sa sec-
« tion, les pièces en batterie à 400 mètres de l'ennemi que
« l'adjudant de Fenoyl a été tué raide, la tête traversée par
« une balle à hauteur et près des tempes. Cinq minutes après
« environ, le combat ayant cessé, j'ai pu m'approcher de lui
« et constater la mort. J'ai fermé alors les yeux de votre fils
« et détaché du cou les médailles et le collier teints de son
« sang ; vous recevrez ces objets tels que je les ai trouvés.
« La colonne devant continuer son mouvement en avant, je
« reçus, à 5 heures, l'ordre de faire enterrer votre fils. Une
« fosse fut creusée dans un champ de thé, près de l'endroit
« où il avait été frappé et le cadavre déposé sur un lit de
« feuilles et de fleurs des champs, que les canonniers de la
« batterie, de leur propre mouvement, avaient été cueillir.

« Je fis mentalement une courte prière, la prière d'un
« soldat, en jetant sur le corps une poignée de terre, puis je
« donnai l'ordre de combler la fosse et de remettre le terrain
« dans son état primitif afin d'éviter, dans la suite, toute
« violation de sépulture.

« L'adjudant de Fenoyl avait su s'attirer l'amitié de ses
« inférieurs et l'estime de ses chefs ; il a été regretté de toute
« la batterie ; c'est au nom de la 23e batterie que je viens
« vous prier, Monsieur, de vouloir bien agréer l'expression
« de notre sympathie et de nos regrets.

« Renault de CHAMPGLEN.

« *Capitaine commandant la 23e batterie,*

« *Kélung.*

COLIS POSTAL.

1 Portefeuille avec lettres.
1 Petit album.
1 Livre de prières.
1 Porte-monnaie (collier et médailles).
1 Montre.
1 Couteau.

Kélung, 14 mai 1885.

Lettre de l'aumônier de Kélung. — « Monsieur, je viens « de recevoir votre lettre et je me fais un devoir d'y répondre « par quelques mots. Je n'ai point eu l'honneur de connaître « votre cher fils, n'étant arrivé à Kélung que quatre jours « avant les affaires de mars, où il a trouvé la mort ; mais tous « ceux à qui j'en ai parlé m'ont fait l'éloge de son intelli- « gence, de sa bravoure et de sa bonne conduite. Son capi- « taine, qui le connaissait tout particulièrement, m'a parlé « des sentiments chrétiens de ce brave jeune homme en me « disant : « J'ai déjà écrit à sa famille, je lui écrirai encore ».

« On a trouvé sur votre fils des médailles, une croix, un « livre de prières, une montre ; tous ces objets ont été remis « fidèlement, et tout tachés d'un sang qui vous les rendra « doublement chers, au brave capitaine de Champglen ; « celui-ci attend, pour vous les expédier, une occasion « favorable.

« Il vous faudra renoncer au projet de faire venir le corps « de votre enfant, et vous en comprendrez le motif. Heureuse- « ment que nous autres chrétiens, nous avons une espérance « toute autre : la réunion n'est que retardée et la résurrection « vous rendra votre fils. Aujourd'hui qu'importe le corps, « pourvu que l'âme vous soit rendue ; c'est avec elle que vous « pouvez converser, c'est elle que vous pouvez voir, soulager, « aimer encore. Et quoi de plus beau, de plus grand, de

« plus pur que cette douce communication avec les âmes de « ceux qu'on a aimés autrefois sous l'enveloppe de leur « corps, de ceux qui furent la chair de notre chair, les os de « de nos os.

« Je vous laisse avec cette pensée encore toute parfu- « mée du souvenir de votre enfant et vous prie d'agréer, etc.

« E. Brugnon,

« *Missionnaire apostolique des Missions étrangères* ».

www.ingramcontent.com/pod-product-compliance
Lightning Source LLC
LaVergne TN
LVHW020043170826
845678LV00001B/410

* 9 7 8 2 3 2 9 6 9 3 2 1 7 *